LABERINTO»POLÍTICO

LABERINTO

Octavio
Salazar Benítez

La ciudadanía perpleja

Claves y dilemas del sistema electoral español

LABERINTO

COLECCIÓN LABERINTO POLÍTICO
5. *La ciudadanía perpleja. Claves y dilemas del sistema electoral español*

Primera edición: Junio 2006

Autor: © Octavio Salazar Benítez
Diseño de Cubierta: más!gráfica
Fotografía del autor: © José Manuel Roldán Nogueras

ISBN: 84-8483--251-1
Depósito Legal: M-23578-2006

EDICIONES DEL LABERINTO, S.L.
Teléfono: 913102826
Teléfono pedidos: 902 195 928 - Fax pedidos: 902 195 551
E-mail: laberinto@edicioneslaberinto.es
www.edicioneslaberinto.es
Comercializa y distribuye Laberinto Distribuidora de Libros

Imprime:

Gráficas Fernández Ciudad
Printed in Spain - Impreso en España

«El problema consiste en lo siguiente: ¿cuándo vemos al demos actuar como gobernante, o en un papel de gobernante? La respuesta es fácil: en el momento de las elecciones.»

GIOVANNI SARTORI

«Nos negaríamos a conceder legitimidad democrática a un sistema que no incluyera las posibilidades de ser modificado, incluso radicalmente, aun cuando no tengamos la intención de modificarlo.»

DANIEL INNERARITY

Índice

CAPÍTULO 1

DE PROMESAS INCUMPLIDAS Y PARADOJAS DEMOCRÁTICAS

A mediados de los años ochenta del pasado siglo, el politólogo italiano Norberto Bobbio enumeró una serie de «promesas no cumplidas» de la democracia. Entre ellas destacaban la supremacía de los intereses sobre la representación política, la persistencia de las oligarquías, la limitación del espacio político, la existencia de poderes invisibles y la falta de educación política de los ciudadanos. Veinte años después podemos afirmar que esas promesas siguen estando pendientes. Algunas de ellas incluso han pasado a ocupar un lugar predominante en las preocupaciones de la ciudadanía. Y ello en gran medida porque las sociedades han multiplicado su complejidad en los últimos años y las respuestas que las democracias están dando a los nuevos retos son insuficientes. Todo ello sin perder de vista que la misma esencia pluralista y abierta de la democracia genera inestabilidad y conflicto, lo cual la convierte en un proceso inacabado y a veces incierto.

De alguna manera los que vivimos en democracia estamos instalados en una permanente paradoja. De una parte hemos llegado a aceptar que es el mejor de los regímenes políticos ya que es el que mejor garantiza nuestros derechos y libertades y, en definitiva, nuestro bienestar. Se ha llegado incluso a hablar de «euforia democrática» para referirse a la defensa de la democracia como el único régimen moralmente aceptable y que por tanto ha de extenderse por todo el planeta. Una defensa en cuyo nombre, y paradójicamente, se han cometido graves atentados contra los derechos humanos por parte de quienes se consideran legítimos administradores de la democracia y el mercado.

De manera paralela, el funcionamiento de la democracia no deja de provocarnos insatisfacciones, quejas y dilemas. Cualquier encuesta realizada en los últimos años refleja esta paradoja: consideramos que la democracia es deseable aunque al mismo tiempo admitimos que no funciona demasiado bien. Unas críticas que, en definitiva, reflejan la propia vitalidad de la democracia y la madurez de una ciudadanía cada vez más exigente con las condiciones en que se desarrolla su existencia.

Todo ello tal vez tenga que ver con la doble dimensión que hemos de considerar en cualquier democracia. De una parte, este régimen político implica una serie de valores y principios en función de los cuales articulamos la convivencia. Desde esta perspectiva, la defensa y protección de los derechos humanos constituye el armazón ético de nuestro modelo de convivencia. Por más que el mismo se vea permanentemente zarandeado por vientos diversos. La gran virtud de la democracia radica precisamente en su capacidad de adaptación a las nuevas necesidades y retos, en su aptitud para articular de manera pacífica el pluralismo y la diversidad. Piénsese por ejemplo en los nuevos retos que las sociedades democráticas occidentales tienen planteados en relación con la inmigración y la convivencia en unas estructuras sociales que han dejado de responder a unos cánones homogéneos. El carácter abierto y flexible de las democracias y de los principios en que se apoya permite precisamente la búsqueda de respuestas a preguntas que con anterioridad no se habían planteado. El horizonte, por ejemplo, de unas sociedades interculturales habrá de irse configurando sobre la base de los principios en que se han apoyado históricamente las democracias, es decir, la dignidad del ser humano proyectada en el equilibrio siempre difícil de la libertad y la igualdad. Unos valores que representan, al mismo tiempo, la grandeza y la vulnerabilidad de las democracias.

Pero, al mismo tiempo, la democracia también se traduce en una serie de reglas del juego. En unos procedimientos y normas mediante los cuales organizamos la convivencia y el ejercicio del poder. Unas reglas que tratan de articular de la mejor manera posible dos premisas: la soberanía popular y el sometimiento de los poderes públicos al Derecho.

Ambas dimensiones, la material y la formal, confluyen en el núcleo esencial del sistema. Éste no es otro que la misma idea de «ciudadanía», es decir, el estatuto jurídico de los hombres y mujeres que, en una democracia, somos la raíz última de todos los poderes y los destinatarios principales de sus acciones. Un estatuto que se materializa en un conjunto de derechos y libertades, entre los que sobresale el derecho de participación política. La clave que permite diferenciar al que podemos calificar de Estado constitucional frente a aquellos otros en los que a veces sólo se adivina un simulacro de democracia.

Estas dos dimensiones se reflejan en la que se ha convertido en la fórmula clásica de definición de un sistema constitucional. Me refiero al artículo 16 de la Declaración francesa de Derechos del Hombre de 1789 en el que se afirmaba que no existiría Constitución sin la confluencia de dos requisitos: la separación de los poderes y la garantía de los derechos. Es decir, si no conviven las dos caras de una misma moneda: el Estado de derecho. Dos caras que evidencian cómo la democracia es el más exigente de los regímenes políticos.

Por otra parte, los sistemas democráticos han acabado por consolidarse como «democracias de partidos», es decir, como sistemas en los que la participación en el poder se produce principalmente a través de elecciones periódicas en las que los grandes protagonistas, por no decir los únicos, son los partidos políticos. Éstos monopolizan los canales de la representación política, llenan de contenidos y personas las instituciones, y son en definitiva los intermediarios privilegiados entre los ciudadanos y los poderes públicos. El enorme poder de los partidos se ha acrecentado como consecuencia de la evolución de los sistemas parlamentarios, la cual ha determinado una preeminencia del Ejecutivo en detrimento de un Parlamento prácticamente convertido en «caja de resonancia» de las decisiones y acuerdos a los que los partidos llegan fuera de él. Es decir, el Parlamento ha dejado de ser el gran foro del debate político y se ha convertido en un espacio en el que más bien se lleva a cabo un simulacro de diálogo y discusión. No hay en él posibilidad de convencer al adversario que parte de unas posiciones partidistas férreas y previamente negociadas. El escaso debate, o la apariencia del mismo, se lleva a cabo en los medios de comunicación y con las características que estos propician. Es decir, con inmediatez, con falta de reflexión, sin profundizar en los mensajes y con un predominio excesivo de la imagen y de la personalidad de los líderes. Ello provoca, como bien ha explicado Antonio Porras Nadales, el paso «de una política orientada instrumentalmente hacia actuaciones que pretenden mejorar las condiciones materiales, sociales y económicas de los ciudadanos, hacia una política orientada más bien hacia la mera gestualidad, destinada a generar mayorías emocionales o simbólicas, capaces de mantener ese equilibrio simbólico y, en consecuencia, la propia reproducción plebiscitaria en el poder».

Al mismo tiempo los medios fomentan una dinámica del enfrentamiento, que es la que genera mayor atención pública pero que hurta gran parte de los contenidos a la ciudadanía. En muchas ocasiones, además, los medios no sólo son vehículos o herramientas sino que actúan como verdaderos sujetos determinantes de la vida política y mucho más en el caso de una campaña electoral. Ellos son los que en definitiva priorizan temas, difunden una determinada imagen de un líder político o subrayan las cuestiones que acaban preocupando a la ciudadanía. Este poder que se multiplica en el contexto de un proceso electoral.

Por otra parte, la suma gobierno-mayoría parlamentaria ha reducido a mínimos la capacidad de control del legislativo y ha disminuido, por tanto, la capacidad de los distintos grupos parlamentarios de incidir en las políticas públicas. Algo que se pone de manifiesto con toda su crudeza en los periodos de mayoría absoluta y que se matiza en las legislaturas en que el partido en el gobierno se ve obligado a realizar algún tipo de pacto o acuerdo con otras fuerzas políticas. Los procesos de reforma de Estatutos de autonomía que estamos viviendo en la actualidad son un buen ejemplo de una dinámica en la que los partidos suelen negociar fuera del Parlamento, por encima incluso de sus diputados y senadores que, llegado el momento, se limitarán a votar en función de la disciplina que les marque el grupo al que pertenecen. No es de extrañar, pues, que ante este panorama la ciudadanía se sienta indefensa y en muchos casos decepcionada. De ahí también el creciente recurso a las instancias judiciales como última instancia en la que es posible frenar y, en el mejor de los casos, reparar los abusos de poder. Un recurso que, obviamente, conlleva el riesgo de una excesiva judicialización de la vida política.

A todo ello habría que añadir el hecho de que los partidos se han convertido en omnipresentes maquinarias a las que resulta muy difícil someter a los límites del Derecho. De manera paradójica, tanto su organización interna como su funcionamiento no suelen responder a los principios democráticos en los que se fundamenta el sistema del que han acabado siendo sus principales gestores. A pesar de que ordenamientos constitucionales como el nuestro les exigen una vida interna democrática, en la práctica los partidos actúan como grandes círculos oligárquicos, escasamente transparentes y apoyados en los canales privilegiados de difusión que les ofrecen los medios de comunicación.

A su vez, los partidos cada vez se manifiestan más incapaces de ofrecer proyectos políticos globales que respondan a la complejidad de las sociedades contemporáneas. Sus ofertas electorales acaban siendo una suma de propuestas muy heterogéneas con las que tratan de captar al mayor número posible de electores aún a riesgo de no ofrecer un programa coherente y completo.

Esta evolución ha sido paralela al desarrollo de ONG, asociaciones y todo tipo de movimientos sociales a través de los cuales los ciudadanos canalizan sus intereses y expectativas políticas. Estos grupos se caracterizan por reunir a los ciudadanos en torno a causas e intereses muy específicos, lo cual genera una lógica corporativista y convierte a la sociedad en una especie de gran conjunto de minorías.

Estos colectivos se han convertido en interlocutores privilegiados de los partidos ya que éstos han de contar con ellos en sus estrategias. Incluso ello provoca, además de una fragmentación de la esfera pública, una situación perversa ya que en determinados casos los poderes públicos responden a las demandas de estos colectivos en función de la presión social que generan, lo que irremediablemente conduce, como dice Daniel Innerarity, a una sociedad «ruidosa» en la que suele resultar beneficiado quien hace más ruido. De esta manera el espacio público se ha convertido en una yuxtaposición de intereses privados que funciona con una lógica clientelar. De ahí que uno de los grandes retos del futuro inmediato sea reconstruir ese espacio desde la deliberación y el encuentro dialogado de los intereses comunes.

Todos estos factores inciden en que buena parte de las críticas que los ciudadanos planteamos en relación con el funcionamiento de nuestra democracia tenga que ver con los partidos y con la clase política que ellos promocionan y amparan. Al margen de las consecuencias que han tenido en la opinión pública los casos concretos de corrupción que se han dado en nuestra democracia en los últimos años, y que se sitúan en los niveles «normales» de cualquier otro país democrático, es evidente que existe una valoración muy negativa de los partidos y, en general, de nuestros políticos. Máxime cuando también éstos han ido ocupando progresivamente todas las redes de la Administración y han facilitado que la ciudadanía conecte irremediablemente cualquier ámbito público con la omnívora presencia de las estructuras partidistas.

Basta con repasar cualquier encuesta, como por ejemplo los periódicos barómetros del Centro de Investigaciones Sociológicas (en adelante, CIS), para comprobar los bajos índices de valoración de nuestros representantes y de los partidos a los que pertenecen. Éstos suelen contemplarse como maquinarias oligárquicas, escasamente abiertas a la sociedad y encargadas, fundamentalmente, de dar cobertura a una clase política profesionalizada. De ahí también el decreciente número de afiliados a los mismos o los importantes niveles de abstención en determinados procesos electorales.

Aunque las interpretaciones de la abstención en un proceso electoral son complejas y muy discutibles, es un hecho objetivo el aumento de la abstención en todos los países europeos, de manera que en algunos de ellos supera el 30 por ciento. Unos niveles que llegan a su máximo en las elecciones del Parlamento europeo. De la misma manera hay que subrayar cómo también se han incrementado los porcentajes de votos en blanco, los cuales suponen una opción con una carga crítica contra el sistema de partidos. Este aumento ha llevado incluso a algunos sectores a reclamar que estos votos en blanco tengan una traducción en escaños vacíos.

Estas críticas se han intensificado en los años en que asistimos a una crisis del Estado de Bienestar y en los que el recorte de determinadas políticas o la privatización de determinados servicios públicos incide en la valoración global que los ciudadanos tenemos del sistema. Ello, unido a la falta de respuestas a unas demandas crecientemente complejas y heterogéneas, debilita la confianza de los ciudadanos en sus representantes y provoca una «crisis de legitimidad».

A todo ello habría que sumar el contexto histórico en el que nos encontramos, caracterizado por la superposición de instancias decisorias. La transformación del papel de los Estados nacionales, la progresiva asunción de competencias por instancias supranacionales —como evidencia la Unión Europea— y, al mismo tiempo, el desarrollo de tendencias descentralizadoras en el interior de los Estados, como sucede en nuestro país, provoca una singular convivencia de «espacios de poder» que dificultan el control de las decisiones y que provocan en la ciudadanía no sólo confusión sino también una sensación creciente de impotencia.

Este contexto ha favorecido la consolidación de una ciudadanía escasamente participativa, centrada en sus asuntos privados y con una escasa implicación en los públicos. En este sentido resulta llamativo que el barómetro del CIS de diciembre de 2005, y ante la pregunta de qué actitudes se consideraban más importantes para considerar a alguien buen ciudadano, el hecho de «votar en las elecciones» se situara en un cuarto lugar, después de otras actitudes que se consideran prioritarias como «cumplir siempre las leyes y las normas», «ser solidario con la que gente que está en peores condiciones que nosotros», «formarnos nuestra propia opinión» o «no evadir impuestos».

Este progresivo debilitamiento cívico de la ciudadanía ha sido paralelo al fortalecimiento de los partidos que prácticamente monopolizan los canales de participación política. Algo a lo que no han sido ajenas las normas electorales. Las opciones por un determinado sistema electoral desde el inicio mismo de la transición estuvieron condicionadas por la finalidad de consolidar un sistema de partidos fuertes en un país que carecía de tradición pluralista y que inauguraba un sistema constitucional tras una larga dictadura. Esos elementos, que condicionaron las primeras elecciones democráticas, se mantuvieron y se reforzaron en la Constitución y en la ley electoral de 1985. De ahí que muchas de las críticas que se hacen al funcionamiento del sistema, de las instituciones o a la misma clase política se refieran a factores que están condicionados por el régimen electoral. Podríamos poner muchos ejemplos que explican esta relación. Basta con acudir al «complejo» panorama actual de reformas estatutarias. La polémica generada con el proyecto de reforma del Estatuto de autonomía de Cataluña está conectada íntimamente con unas estructuras políticas que derivan de nuestras reglas electorales. Sin duda, el panorama político actual no sería el mismo si los resultados electorales tanto en las elecciones autonómicas de Cataluña como en las generales de 2004 hubieran sido otros. La composición del Parlamento catalán —generadora de un singular Gobierno «tripartito» compartido por PSOE, ERC e IU— y de las Cortes Generales — condicionante de un Gobierno que no cuenta con el respaldo de la mayoría absoluta y que se apoya en el respaldo de grupos políticos nacionalistas— es la que ha propiciado las reformas actualmente en debate y la que, por tanto, está condicionado nuestra vida política de los últimos meses. Y esa composición ha sido determinada por unas reglas electorales que favorecen a determinadas fuerzas políticas y penalizan a otras.

A lo largo de estos casi treinta años de sistema constitucional han sido prácticamente constantes las críticas al sistema electoral. No han dejado de alzarse voces tanto desde la doctrina, la clase política o la misma ciudadanía. En muchos casos se han hecho propuestas que no han ido más allá de la demagogia. En otras se ha subrayado la falta de consenso entre las fuerzas políticas para llevar a cabo reformas sustanciales del sistema. De hecho, las reformas que se han hecho de la ley electoral de 1985, salvo las derivadas de la firma del Tratado de Maastricht, han incidido en aspectos meramente procedimentales y no han afectado a los elementos esenciales del sistema. Lo que sí podemos deducir de esa presencia casi permanente de los temas electorales, de manera directa o indirecta, tanto en los discursos políticos como en los análisis doctrinales o en la opinión pública, es la centralidad de los mismos en la vida política.

De ahí la necesidad de una reflexión sosegada sobre los mismos que permita que la ciudadanía conozca, al margen del ruido que provocan los políticos y los medios, las claves constitucionales y legales en las que se fundamenta nuestro sistema electoral. Unas claves que, junto a la valoración de sus efectos, habrán de ser la base para, en su caso, plantear alternativas que mejoren la calidad de nuestra democracia. Todo ello sin perder de vista que una democracia requiere, a pesar de todas las tensiones y perplejidades, de los partidos políticos y de las normas electorales. Son los dos elementos que sirven para articular la ciudadanía y para dar forma y contenido al ejercicio de la soberanía popular. Lo describe de manera perfecta Javier Pérez Royo: «El partido político es el instrumento a través del cual se racionaliza y hace manejable la *oferta electoral*, a través del cual se decide *quiénes van a competir*. El sistema electoral es el instrumento a través del cual se racionaliza y hace manejable la *decisión del cuerpo electoral*, a través del cual se decide *quiénes van a gobernar* (...). De la *combinación correcta* de ambos es de donde depende al mismo tiempo la *legitimidad* y *eficacia* del Estado representativo».

A estos objetivos tratan de responder las siguientes páginas. En ellas pretendo llevar a cabo un análisis descriptivo, y al mismo tiempo crítico, de nuestro régimen electoral y de los efectos que provoca en nuestro sistema político. Repasaré algunas de las alternativas que se han planteado a los elementos vigentes y me detendré en cuestiones que en la actualidad provocan opiniones enfrentadas, tales como la participación política de los extranjeros o la reserva de cuotas electorales para las mujeres. Todo ello sin dejar de tener presente que, como bien ha advertido Gianfranco Pasquino, «el encanto democrático nunca se ha forjado tan sólo en torno a frías reglas, a mecanismos impersonales y a estructuras sin alma. Al contrario, se ha nutrido de pasiones e intereses, de los ideales y valores por los que hombres y mujeres han luchado hasta arriesgar sus vidas».

CAPÍTULO 2

CIUDADANÍA, REPRESENTACIÓN Y PARTIDOS: EL EJE DEMOCRÁTICO DEL SISTEMA CONSTITUCIONAL ESPAÑOL

2.1. El Estado español como Estado social y democrático de Derecho

El artículo 1.º de la Constitución española (en adelante, CE) define al Estado español como social y democrático de Derecho, al tiempo que proclama como valores superiores del ordenamiento jurídico la libertad, la justicia, la igualdad y el pluralismo político. En el conjunto de adjetivos que se adicionan al sustantivo Estado se encierran todas las claves de nuestro sistema constitucional, las cuales se proyectan a su vez en el conjunto de valores que presiden nuestro ordenamiento. De ellos derivan todas las piezas que componen nuestro modelo de organización política.

El modelo que configura el primer artículo de nuestro texto constitucional incorpora todos los elementos que la organización estatal ha sido sumando a lo largo de siglos de evolución. De entrada, nos encontramos con la fórmula *de Derecho*, la cual significa nada más y nada menos el sometimiento del poder al ordenamiento jurídico. El derecho como instrumento racional de control del poder y como garantía, a su vez, de los derechos del ciudadano. El gran descubrimiento del Estado liberal surgido tras las luchas burguesas contra el Antiguo Régimen, plasmado en las primeras declaraciones de derechos, como la francesa de 1789, y en las constituciones que alumbraron una nueva época, como la norteamericana de 1776 o la francesa de 1791. Partiendo de una nueva concepción del hombre, y apoyándose en la teoría del contrato social (Hobbes, Locke, Rousseau), el Estado liberal constituyó un «invento» auspiciado por los intereses de la burguesía que rompió con los estrechos márgenes del Antiguo Régimen y con la concentración de poder que suponían las monarquías absolutas.

El Estado de Derecho se apoya en el principio de legalidad. Tanto los poderes públicos como los ciudadanos sólo pueden actuar dentro de los márgenes que les permite la ley. Ésta es expresión de la voluntad de la nación, la cual se materializa a través de unos representantes políticos elegidos por los ciudadanos. En este edificio, construido a imagen y semejanza del hombre burgués, no todos ni todas participaban inicialmente en la formación de esa voluntad nacional. Se entendió que sólo algunos estaban legitimados para representar los intereses de todos. El sufragio fue por tanto restringido: sólo se reconoció a aquellos que tenían una determinada capacidad económica. Fueron pues excluidos de la ciudadanía los hombres pobres, los esclavos, los menores y las mujeres. Por lo tanto, y pese las proclamaciones formales, no todos eran iguales ante la ley.

Los representantes lo serán de los intereses de la nación y por tanto no recibirán instrucciones de sus electores ni podrán ser revocados antes del final de la correspondiente legislatura. Es el mandato representativo que, plasmado por ver primera en Francia en una ley de 1789 y consagrado después en la Constitución de 1791, ha llegado hasta nuestros días. La prohibición del mandato imperativo está expresamente recogida en el artículo 67 CE, si bien en la práctica dicha prohibición se transmuta en la vigencia todopoderosa del «mandato de partido». Un mandato que refleja el doble circuito sobre el que se articula la representación en la democracia de partidos: el que conecta los electores con los partidos —apoyado en la libertad que permite el sistema electoral— y el que vincula al elegido con el grupo político al que pertenece, y en el que su libertad está condicionado por las directrices del partido.

Del modelo liberal llegarán hasta nuestros días los elementos básicos: la primacía del derecho, el principio de legalidad y la correspondiente igualdad formal ante la ley, la división de poderes y el reconocimiento de unos derechos fundamentales del ciudadano que han de ser garantizados por los poderes públicos.

Todos estos elementos están presentes en el sistema constitucional español. El Estado de Derecho se traduce en que, como bien señala el artículo 9.1, «los ciudadanos y los poderes públicos están sujetos a la Constitución y al resto del ordenamiento jurídico». La Constitución es la norma suprema del ordenamiento. Éste debe ajustarse a los principios y valores de la norma básica que no es un simple documento político sino que es una norma jurídica directamente aplicable. La supremacía de la Constitución es garantizada a través de dos instrumentos: el Tribunal Constitucional y la reforma constitucional. El primero, inspirado en el modelo que diseñó el jurista Hans Kelsen para la Constitución austriaca de 1920, se encarga de controlar que todas las normas del ordenamiento se acomoden a la Constitución. En el desarrollo de esta labor, el Tribunal Constitucional también lleva a cabo la importante labor de interpretación del texto constitucional. Una labor que ha sido, y es fundamental, en materia de derechos fundamentales. Por otra parte, la propia Constitución establece en su último título, el X, unos procedimientos específicos a los que habrá que sujetarse para poder reformarla o revisarla. Estamos pues ante una Constitución «rígida» ya que no puede ser modificada por una ley ordinaria. Su reforma requerirá un consenso muy similar al que le dio origen.

Por otra parte, el Estado de Derecho se traduce en el largo listado de derechos contenido en el título I CE, el cual empieza afirmando que «La dignidad de la persona, los derechos inviolables que le son inherentes, el libre desarrollo de la personalidad, el respeto a la ley y a los derechos de los demás son fundamento del orden político y de la paz social». Estos derechos y libertades, que vinculan a todos los poderes públicos, y cuyo contenido esencial deberá ser respetado por el legislador, se acompañan de una serie de instrumentos de tutela tales como el recurso de amparo o la institución del Defensor del Pueblo.

Uno de los principios básicos de la teoría liberal, que racionalizó Montesquieu en su célebre *El espíritu de las leyes*, es la separación de poderes. Para evitar que el poder se concentre en unas manos, y por tanto se abuse de él, es necesario que esté repartido entre diferentes instancias de manera que unas controlen a otras. Este juego de pesos y contrapesos es el que sistematiza Montesquieu con una división que ha llegado hasta nuestros días, la que distingue tres poderes: el legislativo, el ejecutivo y el judicial. Esta separación de poderes, que el noble francés racionaliza tras observar y analizar el sistema político inglés, ha dado lugar a diversas interpretaciones que han configurado lo que en la actualidad entendemos como «sistemas de gobierno». Este concepto se refiere básicamente al sistema de relaciones que se plantean entre el poder legislativo y el ejecutivo. De acuerdo con este criterio, nos encontramos con dos sistemas: el presidencialista y el parlamentario. El primero, que sería por ejemplo el consolidado en los Estados Unidos de Norteamérica, se apoya en una separación rígida entre ambos poderes, partiendo de que ambos son configurados a partir de procesos electorales distintos. Y aunque sistemas como el norteamericano prevén algunos mecanismos de relación entre ambos, hay entre ellos una mayor independencia de la que existe en un sistema parlamentario. En éste más que una separación de poderes existe una colaboración entre ellos.

La división de poderes está presente en nuestra Constitución desde el mismo artículo en el que se opta por una Monarquía parlamentaria como forma política del Estado español (artículo 1.3). Esa fórmula compleja supone una doble apuesta. La primera por una monarquía de carácter constitucional, es decir, por una monarquía cuya legitimidad brota de la Constitución y que sólo dispone de los poderes limitadísimos que esa norma fundamental le reconoce. La segunda por un sistema parlamentario que es realmente el centro de la vida política.

El constituyente español, siguiendo las pautas de la Ley para la Reforma Política de 1977, optó por un Parlamento bicameral. Un bicameralismo imperfecto en el que el protagonismo corresponde al Congreso de los Diputados en detrimento de un desdibujado Senado que no ha logrado en estos casi 30 años actuar como cámara de representación de las comunidades autónomas. Los ciudadanos elegimos cada cuatro años a nuestros representantes en ambas cámaras, y son los diputados los encargados de investir, con el respaldo de la mayoría absoluta, al presidente del Gobierno. Desde ese momento se establece entre el ejecutivo y el legislativo una relación de confianza que se traduce en un permanente control del primero por parte del segundo. El Congreso incluso podrá retirarle esa confianza al presidente del Gobierno a través de una moción de censura.

La división de poderes también presenta en nuestro sistema constitucional una dimensión territorial. El constituyente optó por un modelo descentralizado en el que se mezclan elementos del Estado unitario con características propias del federalismo. Realmente la Constitución no contiene un modelo específico sino que más bien determina la apertura de un proceso a partir del reconocimiento del derecho a la autonomía de las nacionalidades y regiones, el cual en todo caso tendrá como límite la unidad de la nación española (artículo 2 CE). A partir de las pautas ofrecidas por el título VIII CE, concretadas, desarrolladas e interpretadas por los sucesivos pactos realizados entre las fuerzas políticas, se ha ido dibujando un modelo que presenta prácticamente todos los rasgos propios de un Estado federal. En la actualidad, y a partir de las propuestas de reformas estatutarias procedentes del País Vasco y Cataluña, estamos viviendo un intenso momento político en el que, en definitiva, se está planteando el «cierre» del sistema o, en todo caso, la continuidad con unas estructuras territoriales que a lo largo de estos años han dado lugar a uno de los modelos más descentralizados de Europa. Desde la perspectiva que a nosotros más nos interesa en este trabajo, lo que hemos de subrayar es que las comunidades autónomas actúan como auténticos «mini-Estados», organizados a partir de una norma básica que es el Estatuto de autonomía y en la que se reproduce un sistema parlamentario copiado milimétricamente del vigente en el Estado central.

Por lo tanto, en el Estado español encontramos tres niveles territoriales: el local, el autonómico y el propiamente estatal.

Todos ellos legitimados democráticamente, es decir, a través de la participación política de los ciudadanos y ciudadanas. Elegimos periódicamente a los diputados y senadores como también cada cierto tiempo —la regla general, como veremos, es de cuatro años— elegimos a los concejales de los Ayuntamientos (artículo 140 CE) y a los parlamentarios de las asambleas autonómicas (artículo. 152.1 CE) A dichas instancias habría que sumar la elección de nuestros representantes en el Parlamento europeo, única institución de la Unión Europea legitimada de manera directa a través de nuestro voto cada cinco años.

El carácter periódico de las elecciones contribuye a garantizar lo que podemos llamar «división temporal» del poder. Es decir, la necesaria renovación de quienes ocupan los poderes públicos. Una renovación que persigue evitar en la medida de lo posible los abusos que suele provocar el ejercicio prolongado del poder. Ahora bien, esta limitación está muy condicionada por la presencia de los partidos y por la tendencia a la profesionalización de la política.

Todos los elementos analizados, que constituyen la base del Estado de Derecho, se perpetúan a lo largo de los siglos y se mantienen en el modelo que podemos calificar como *democrático*. Esta nueva fase, que se abre paso a finales del siglo XIX y que se consolida en el constitucionalismo europeo tras la II Guerra Mundial, llevará a la equiparación entre las fórmulas Estado de derecho y Estado democrático, de manera que en la actualidad es imposible considerarlas de manera separada.

El Estado democrático introduce un cambio esencial en el estatuto de la ciudadanía. Se produce una ampliación de ésta ya que se rompe el círculo que la identificaba estrictamente con la burguesía. Se reconoce a todos los hombres, con independencia de su capacidad económica o de su profesión, el derecho a participar en los asuntos públicos. La soberanía reside en el pueblo y, por tanto, los poderes han de proceder de él. No puede hablarse de democracia si los ciudadanos no participan en perfecta igualdad en la formación de la voluntad política. La clave pues del Estado democrático está en la extensión del sufragio, la cual se inicia en 1848 en Francia. El sufragio se convierte en universal, aunque durante muchos años seguirá excluyéndose de él a las mujeres. Éstas tendrán que esperar en muchos casos hasta bien avanzado el siglo XX para ser reconocidas como ciudadanas.

La extensión del sufragio supondrá un aumento del cuerpo electoral, es decir, del número de individuos que pueden participar en las elecciones, y ello, junto a otras transformaciones sociales, va a provocar la aparición de los partidos políticos. Unas asociaciones políticas que en un primer momento fueron ignoradas por el derecho, luego serían contempladas por el ordenamiento jurídico y finalmente hasta alcanzarían reconocimiento constitucional. Los partidos políticos rompieron con la concepción individualista de la representación que había forjado el liberalismo, en la que la relación se producía directamente entre el representante y la nación, sin ningún tipo de agrupación intermedia.

El reconocimiento de los partidos, que acabarán convirtiéndose en los grandes protagonistas de la democracia y en los monopolizadores de la representación política, está conectado a otro de los valores básicos de la democracia: el pluralismo. No sólo el político, al que expresamente se refiere el artículo 1 CE, sino el que se desarrolla en cualquier ámbito social. Ambos factores, la extensión de la participación y el reconocimiento del pluralismo, incidirán inevitablemente en las reglas electorales, es decir, en el conjunto de normas y procedimientos que regulan la elección de nuestros representantes. De esta manera, las leyes electorales se convertirán en las centrales en cualquier Estado democrático. Tan importantes como lo eran las leyes de sucesión en las monarquías absolutas.

Las raíces democráticas de nuestro sistema constitucional están presentes en el artículo 1.2, el cual ubica la soberanía en el pueblo español, «del que emanan los poderes del Estado». Una fórmula que vuelve a expresarse con rotundidad al afirmarse que «Las Cortes Generales representan al pueblo español» (artículo 66 CE). El derecho de sufragio se contempla como derecho fundamental en el artículo 23, el cual dice expresamente que «Los ciudadanos tienen el derecho a participar en los asuntos públicos, directamente o por medio de representantes, libremente elegidos en elecciones periódicas por sufragio universal». Un derecho que se especifica en el artículo 68 al decir que los diputados del Congreso serán elegidos por sufragio universal, libre, igual, directo y secreto, y reiterar que son electores y elegibles todos los españoles que estén en pleno uso de sus derechos políticos. Junto al derecho de sufragio, que es el derecho político por excelencia, hay que sumar otros que también tienen una indudable índole política tales como la libertad ideológica (artículo 16), la libertad de expresión (artículo 20), el derecho de reunión (artículo 21) o el de asociación (artículo 22). Estos derechos inciden en la concepción plural y participativa que supone cualquier democracia e implican un ciudadano activo frente al súbdito que se limitaba a estar sometido al poder.

El reconocimiento del pluralismo político se proyecta, a su vez, en el del papel esencial que han de jugar en el sistema los partidos políticos. De ahí que a éstos se les dedique un artículo en el mismo título preliminar de la Constitución que es donde se contienen las decisiones constitucionales fundamentales. En el artículo 6 se establecen las funciones que han de desempeñar los partidos —expresar el pluralismo político, concurrir a la formación y manifestación de la voluntad popular, ser instrumento fundamental para la participación política— así como los límites que han de condicionar su creación y actividad. Estos límites no son otros que el respeto a la Constitución y la ley, así como a los principios democráticos en su estructura interna y funcionamiento. Este reconocimiento constitucional de los partidos supone en definitiva la consagración al máximo nivel normativo de lo que la doctrina ha denominado «democracia de partidos».

Finalmente, la fórmula *social* supone incorporar a nuestro sistema constitucional el modelo que fue consolidándose en Europa tras la II Guerra Mundial y que hoy día se halla lamentablemente en crisis. Desde los años ochenta del pasado siglo estamos asistiendo a un repliegue hacia políticas de carácter neoliberal y en las que vuelve a concederse un protagonismo insultante al mercado. Un hecho favorecido por la creciente globalización que, en definitiva, está suponiendo la mundialización de un capitalismo salvaje y depredador.

El también denominado Estado de bienestar, claramente influenciado por las ideas socialistas, supuso una ruptura con la posición abstencionista del Estado y con la separación tajante entre éste y la sociedad. Por el contrario, se entendió que, para hacer efectivos los derechos y libertades de todos los ciudadanos y ciudadanas, es decir, para garantizar la igualdad real, era necesario que los poderes públicos corrigiesen los factores sociales que provocaban desigualdad y exclusiones. El Estado, como proclama el artículo 9.2 CE, tiene que remover los obstáculos que impiden que la libertad y la igualdad de los individuos y de los grupos en que se integran sean reales y efectivos. Ello se va a traducir en la intervención del Estado en la economía así como en el reconocimiento de una serie de derechos mediante los cuales el ciudadano podrá exigir del Estado determinadas prestaciones que van a contribuir a mejorar su bienestar. De ahí que la Constitución reconozca la función social del derecho de propiedad (artículo 33 CE) y la subordinación de la riqueza al interés general, previéndose incluso el uso mediante ley de la planificación (artículos 128 y 131 CE).

El Estado social se proyecta en nuestro sistema constitucional en la apuesta radical que desde el mismo Título preliminar se contiene por la igualdad real de los ciudadanos y ciudadanas. En el artículo 9.2, como he señalado, se contiene un llamamiento a los poderes públicos que no pueden permanecer indiferentes ante las condiciones sociales y económicas en que viven los individuos. No basta, pues, con proclamar la igualdad formal ante la ley sino que es necesario tener en cuenta las situaciones reales de los individuos y, por tanto, ofrecer respuestas diversas a situaciones que no son iguales. Esta interpretación de la igualdad dará lugar a la adopción de «acciones positivas», tales como las que tienen como destinatarias a las mujeres, que encuentran su fundamento en la necesidad de apoyar a determinados sectores, colectivos o conjuntos de ciudadanos y ciudadanas que, por diferentes razones, en muchos casos históricas, sufren una situación de marginación, exclusión o, en general, mayores dificultades que el resto para ejercer determinados derechos o para acceder a determinados bienes o servicios. Un ejemplo de estas medidas que tendremos oportunidad de analizar con detalle son las llamadas cuotas electorales.

El Estado social también supone la protección de una serie de derechos dirigidos a garantizar el igual bienestar de los ciudadanos y ciudadanas. En nuestro sistema constitucional, alguno de estos derechos aparece recogido dentro del capítulo en el que se contienen los fundamentales, es decir, los más protegidos. Es el caso del derecho a la educación, contemplado en el artículo 27. Sin embargo, la mayor parte de ellos se contienen en el capítulo III del título I cuya denominación ya nos indica el valor que el constituyente les otorgó. En dicho capítulo se incluyen los «principios rectores de la política social y económica». Estamos, por tanto, ante unos principios que han de orientar la actuación de los poderes públicos pero que, más que auténticos derechos, lo que configuran es un «horizonte» de bienestar al que deberán tender las políticas públicas. Éstas van a estar condicionadas por las opciones políticas mayoritarias, por la coyuntura económica y, en definitiva, por la voluntad de los poderes públicos. En todo caso, si admitimos que uno de los valores superiores del Estado democrático es la igualdad, la dimensión social no debería depender de dicha voluntad sino que más bien debería entenderse como un elemento inevitable y necesario de dicho modelo. Es decir, debemos afirmar, lo cual casi es un atrevimiento en esta época de vientos neoliberales, que el Estado democrático tiene que ser necesariamente Estado social.

2.2. La democracia española como democracia de partidos

Rousseau consideraba que la soberanía no podía ser representada. Sólo la democracia directa podría garantizar el predominio de los intereses públicos sobre los privados. La representación conduce inevitablemente a la presencia de intereses parciales y «facciosos» que rompen la voluntad general y que amenazan las libertades de los individuos. Si el ciudadano transfiere a un representante el derecho a autogobernarse, sólo será libre durante el momento de la elección. Una vez que los miembros del Parlamento son elegidos, dirá Rousseau, «el pueblo es esclavizado; queda reducido a nada».

Estas advertencias del ginebrino apenas han sido tenidas en cuenta como demuestra la evolución de los sistemas democráticos. Éstos se han consolidado como sistemas basados en la representación política, la cual ha permitido conciliar la limitación del poder con la garantía de los derechos fundamentales. Por tanto han triunfado las *Consideraciones sobre el gobierno representativo* que John Stuart Mill formulara en 1861: «puesto que en toda comunidad que exceda los límites de una pequeña población nadie puede participar personalmente sino de una porción muy pequeña de los asuntos públicos, el tipo ideal de un gobierno perfecto es el gobierno representativo». De esta forma, además, se ha procurado la garantía de lo que Benjamin Constant denominó «libertad de los modernos», es decir, la representación política ha permitido que la gran mayoría de los ciudadanos puedan ocuparse prioritariamente de sus asuntos privados mientras que sólo unos cuantos lo hacen de los públicos.

La Constitución española optó claramente por una democracia de carácter representativo apoyada en el protagonismo de los partidos políticos. El constituyente entendió que, tras el largo periodo de dictadura y la escasa tradición democrática, era necesario fortalecer un sistema de partidos que permitiera la consolidación del sistema constitucional. Un objetivo que explica, como veremos, muchas de las opciones que se acogieron en materia electoral.

El artículo 23, que se incluye en la sección 1.ª del capítulo 2.º del título I, en la cual se contienen los derechos *más fundamentales*, es decir, los más protegidos en nuestro sistema constitucional, recoge el derecho de participación política. Un derecho en el que se proyecta la soberanía popular del artículo 1.2 CE y a través del cual se produce la legitimación democrática de los poderes del

Estado. En el artículo 23 se contemplan dos modalidades de participación de los ciudadanos en los poderes públicos: la directa y la que tiene lugar a través de la elección de representantes (artículo 23.1). Esta última, que vendría a ser la expresión del derecho de sufragio en su vertiente activa, se conecta con la dimensión pasiva del mismo. Es decir, los ciudadanos no sólo tienen el derecho a elegir representantes sino que también tienen reconocido el derecho a acceder a los cargos públicos representativos (artículo 23.2). Un acceso que, como analizaré más adelante, está condicionado por los requisitos que establece la normativa electoral y por la presencia apabullante de los partidos.

Debemos tener presente que el desarrollo de las ideas y prácticas democráticas ha sido, en definitiva, la historia de una progresiva ampliación del modelo de democracia representativa, a pesar de sus imperfecciones y debilidades. La esencia de la democracia ha pasado a ser, pues, la elección libre de representantes por los ciudadanos entre una pluralidad de candidaturas que reflejan, o tratan de hacerlo, la pluralidad de opciones políticas presentes en la sociedad. Como bien ha escrito Antonio Porras Nadales, «la representación política constituye el circuito estratégico central de las relaciones entre sociedad y Estado, pudiendo ser definida como un proceso intercomunicativo basado en la transmisión de la *voz* de los ciudadanos sobre la esfera pública».

Esta consideración central de la elección de representantes ha llevado incluso al desarrollo de las llamadas teorías «competitivas» de la democracia que se basan en las luchas electorales de los partidos por obtener representación, muy similar a la de los productos que compiten en el mercado por encontrar consumidores. Desde esta perspectiva, y en palabras de Giovanni Sartori, los partidos serían «organizaciones que intentan colocar a sus candidatos en cargos públicos». Estas teorías entienden que las democracias han acabado por convertirse en auténticos «mercados electorales» dominados por los aparatos partidistas y claramente influenciados por las técnicas y estrategias propias del intercambio puramente comercial.

Al margen de estas y otras teorías que tratan de dar respuesta a la evolución que han experimentado las democracias de partidos, es unánime la delimitación de las tres funciones principales que, como señalan Carreras y Vallés, cumplen los procesos electorales. En primer lugar, las elecciones producen representación, en la medida en que a través de ellas seleccionamos a los que han de ocupar los cargos públicos representativos. En segundo lugar, producen gobierno, es decir, a través de ellas optamos por un proyecto político y por un equipo de personas encargado de ponerlo en práctica. Como afirma Douglas Rae, «una elección es una contienda por el derecho de gobernar, y tiene que haber uno o unos pocos ganadores de los premios, siendo el primer premio el derecho a gobernar». Al mismo tiempo, la elección origina una oposición encargada de la crítica y del control del Gobierno. Dicha oposición, al llevar a cabo esa labor, también realiza propuestas alternativas que la pueden llevar a ganar en la próxima convocatoria electoral.

Esta «producción de gobierno» es más evidente en un sistema parlamentario como el nuestro en el que no elegimos directamente al ejecutivo, sino que son los diputados los encargados de investir al presidente del Gobierno. De esa manera mediante las elecciones se configura una determinada mayoría parlamentaria que servirá de apoyo al Ejecutivo, el cual en los últimos tiempos ha visto reforzado su protagonismo en detrimento de un Parlamento que en muchos casos apenas es una «caja de resonancia» de las posiciones e intereses de los distintos partidos.

Mediante las elecciones también llevamos a cabo una función de control sobre la actividad desempeñada tanto por el Gobierno como por el Parlamento. Aunque dado el carácter progresivamente «presidencialista» de nuestro sistema parlamentario, realmente el control acaba proyectándose sobre la labor del Gobierno. De esta forma en las elecciones confluyen dos lógicas que pueden resultar contradictorias pero que acaban siendo complementarias en los mecanismos de decisión del voto por parte del elector. Por una parte, se lleva a cabo un control a posteriori de las políticas desarrolladas y, en definitiva, de la manera de actuar de un determinado Gobierno. O, mejor dicho, del Gobierno y de la mayoría parlamentaria que lo apoya. Por otra, se deposita la confianza en una alternativa de futuro representado por el programa de la fuerza política a la que votamos.

Finalmente, las elecciones otorgan legitimidad a las personas encargadas de gobernar y al mismo sistema político. Aceptamos a nuestros gobernantes en la medida en que hemos sido nosotros los que los hemos elegido y los que, además, tenemos la posibilidad de exigirles responsabilidad por el ejercicio de sus funciones en la próxima convocatoria electoral. Al mismo tiempo, mediante nuestra participación y la designación de representantes expresamos nuestra valoración del sistema político y damos continuidad al funcionamiento de las instituciones en las que se refleja la soberanía popular. De esta manera, las elecciones tienen también algo de ritual mediante el que manifestamos nuestra «complicidad», más o menos rotunda, con las reglas del juego.

Ahora bien, y como pondré de manifiesto en este volumen, la tensión entre «democracia» y «representación» no ha desaparecido. La representación supone inevitablemente una ficción: un conjunto limitado de hombres y mujeres se convierten en la voz de la ciudadanía. Esta «ficción» comporta un inevitable distanciamiento entre el pueblo y las decisiones que le afectan. Un distanciamiento que no ha dejado de crecer y que hace que con demasiada frecuencia la ciudadanía se sienta excluida de la toma de decisiones. En este sentido no hay que perder de vista que una de las principales funciones que cumple el sistema electoral en cualquier democracia es la de garantizar la «representatividad» de los poderes públicos, es decir, que estos respondan en la mayor medida posible al pluralismo político existente en la sociedad. Este objetivo entra en contradicción con el de conseguir «gobernabilidad», es decir, unas mayorías de gobierno sólidas que difícilmente se alcanzan con sistemas partidistas muy fragmentados. En el difícil equilibrio entre ambos objetivos se suele mover cualquier sistema electoral y a ellos responden, en mayor o menor medida, los elementos que determinan la conversión de votos en escaños.

Como he señalado con anterioridad, la mayor parte de las críticas que reciben las actuales democracias representativas tienen que ver con la presencia de los partidos políticos como mediadores entre gobernantes y gobernados. Algo lógico si tenemos en cuenta que la función representativa en las actuales democracias se conforma sobre dos estructuras básicas: el sistema de partidos y el sistema electoral. Factores como la ampliación del sufragio y la aparición de la sociedad de masas, caracterizada por una configuración plural alejada del individualismo burgués que propició el triunfo del modelo representativo, contribuyeron a consolidar a los partidos como estructuras sólidas y organizadas. Éstos se han convertido en los principales canalizadores de los intereses públicos y en los encargados de seleccionar las elites gobernantes. En las democracias de partidos las decisiones nacen, pues, de la confrontación y del compromiso de las fuerzas políticas en el marco del sistema parlamentario. Actúan en una doble dirección: canalizan los intereses y necesidades de los ciudadanos y, paralelamente, generan demandas y actitudes. Dan respuesta, o tratan de hacerlo, y provocan también inquietudes y peticiones. Conforman y, en muchos casos, condicionan la opinión pública. Los partidos han transformado los escenarios electorales en una lucha competitiva por el poder, por alcanzarlo o por mantenerse en él. Todo ello acompañado de una progresiva pérdida de identidad ideológica y de una paralela transformación del partido en una auténtica maquinaria dispuesta a competir en el mercado electoral. De ahí la importancia alcanzada en las últimas décadas por las técnicas de *marketing*, por los asesores en publicidad e imagen, es decir, por todo el aparato que trata de vender un producto con base en la imagen que del mismo se proyecta. De esta manera los partidos se han convertido en una especie de empresas electorales guiados por los mecanismos puramente mercantiles. Surge así el denominado partido *catch all* o «atrápalo todo», también denominado «profesional electoral», el cual se caracteriza por un adelgazamiento de sus propuestas ideológicas y por la búsqueda de un respaldo mayoritario del electorado.

De ahí la obsesión por el «centro» de todos los partidos mayoritarios o que pretenden serlo. Lejos están ya los tiempos en que un partido se presentaba ante la ciudadanía como un partido «de izquierdas» o «de derechas». Ahora la mayoría de ellos navegan en ese territorio fluctuante del centro a la búsqueda de los votos de los llamados electores flotantes. Unos electores que, en función del proceso electoral que se trate y de la coyuntura que se esté atravesando, pueden votar indistintamente a un partido u otro.

Este papel estelar de los partidos se desarrolla además en el marco de una paradoja: son los principales cauces de expresión democrática aunque internamente funcionen y se organicen de manera escasamente democrática. Las tendencias oligárquicas de los partidos han sido reforzadas, como veremos, por sistemas electorales como el nuestro. De esta manera, y a pesar del mandato establecido por el artículo 6 CE, reiterado en la Ley Orgánica de Partidos Políticos de 2002, y de las reclamaciones constantes de una opinión pública indignada, los partidos siguen actuando como círculos cerrados en los que el poder está en manos de una cúpula dirigente y en los que los propios militantes poco tienen que decir.

Con una absoluta falta de transparencia, y por supuesto de democracia interna, se llevan a cabo procesos como la selección de candidatos, la financiación o la renovación de las elites del partido. Unas elites que acaban conformando una clase política cerrada, poco dada a la circulación y favorecedora de la concepción de la política no tanto como un servicio público sino como una auténtica profesión. Incluso los mecanismos de exigencia de responsabilidad política acaban condicionados por este poder de los partidos. Hasta el punto de que, como ha afirmado con rotundidad Antonio Porras Nadales, «el responsable político no dimite, sino que es cesado por el líder de su partido».

Todos estos factores inciden en la valoración tan negativa que la ciudadanía tiene de los políticos y de la vida pública en general. De ahí que no resulte extraño que en el barómetro del CIS correspondiente a diciembre de 2005, y ante la pregunta de cuáles son los tres problemas principales que existen actualmente en España, un elevado porcentaje de encuestados se refiera a la clase política y a los partidos. Llama la atención que este problema se sitúe por encima de otros como los relacionados con la calidad en el empleo, el racismo, la educación o los de índole social. A este dato podríamos sumar otros igualmente relevantes. Por ejemplo, ante la pregunta «¿cuál cree que es el motivo principal que lleva a la mayoría de los candidatos a diputado a presentarse a unas elecciones? », un 57 por ciento responde que «el poder y la influencia que se obtiene a través del cargo». Junto a ese dato, un significativo 82 por ciento entiende que por encima de representar a los ciudadanos, elaborar leyes o controlar la actuación del Gobierno, los diputados defienden los intereses de su partido. Por ello tampoco nos debe extrañar que un 40 por ciento se manifieste insatisfecho con el trabajo que realizan los diputados. Ahora bien, estas consideraciones tan negativas no impiden el reconocimiento de que «sin partidos políticos no puede haber democracia» (72 por ciento) o de que «los partidos son necesarios para defender las ideas y los intereses de los distintos grupos sociales» (77 por ciento).

2.3. La tímida apuesta por la democracia directa

Aunque el artículo 23 CE, como hemos visto, también reconozca como derecho fundamental la participación directa de los ciudadanos en los asuntos públicos, ésta fue relegada por el constituyente a un segundo plano. La misma ha quedado reducida, de manera similar a lo previsto en el resto de Europa, a determinadas instituciones dirigidas a completar los mecanismos representativos. En concreto, nuestra Constitución sólo contempla dos instituciones de democracia directa: el referéndum y la iniciativa popular.

El referéndum fue una de las instituciones más debatidas en el proceso constituyente. El anteproyecto de Constitución llegó a contemplar tres modalidades: un referéndum abrogativo, para derogar leyes vigentes, un referéndum de ratificación de leyes aprobadas por las cámaras y un referéndum facultativo para decisiones políticas de especial trascendencia. Finalmente el texto constitucional recogió sólo el referéndum consultivo para «decisiones políticas de especial trascendencia»> (artículo 92 CE). Éste es un referéndum potestativo y consultivo, es decir, el Gobierno tiene plena libertad para decidir si hace uso de él y, en todo caso, el resultado no será vinculante. Ahora bien, aunque la respuesta que la ciudadanía dé en un referéndum no vincule jurídicamente al Gobierno, sí que cabe pensar que lo hará políticamente. Es decir, el Gobierno quedará en gran medida condicionado por la respuesta mayoritaria del pueblo. De ahí el «riesgo» político que siempre supone acudir a este instrumento. Baste recordar la primera de las dos únicas ocasiones en que se ha utilizado el referéndum del artículo 92: el convocado por el Gobierno socialista en 1986 para ratificar la permanencia de España en la OTAN.

El referéndum, que fue regulado por la Ley Orgánica 2/1980, de 18 de enero, de distintas modalidades de referéndum, ha de ser convocado por el Rey, mediante propuesta del presidente del Gobierno y previa autorización del Congreso de los Diputados. Se trata por lo tanto de un instrumento cuyo uso va a estar en manos del Gobierno que no tendrá ninguna dificultad en convocarlo con el respaldo de la mayoría parlamentaria en que se apoye.

El escaso uso que hasta el momento se ha hecho de esta herramienta, tal y como por otra parte es lo habitual en otros países, se debe a los riesgos políticos que conlleva. Son muchos los ejemplos que a lo largo de la historia nos encontramos de utilización partidista del mismo, incluso por regímenes de carácter no democrático. Aunque en teoría pudiera parecernos que es un instrumento extremadamente democrático, ya que permite que los ciudadanos nos expresemos sin necesidad de intermediarios, no podemos olvidar dos factores. Por una parte, que en las democracias de partidos la convocatoria de un referéndum acaba convirtiéndose en una contienda electoral, en la que los partidos tratarán de condicionar al máximo la posición de los electores de acuerdo con sus intereses. De otra, que el buen funcionamiento del referéndum exigiría una ciudadanía mucho más comprometida con los asuntos públicos, con una altas dosis de civismo que la hiciera más independiente de los medios de comunicación y de los demás mecanismos de presión de que disponen los partidos. Unos ingredientes que, lamentablemente, brillan por su ausencia en las actuales democracias.

Por otra parte, la celebración de un referéndum siempre plantea muchas dudas en cuanto a la interpretación de sus resultados. Al margen de la vinculación «política» que tienen para el Gobierno que lo convoca, no dejan de plantearse dudas en torno a los niveles de participación y abstención. ¿Es igualmente vinculante una respuesta dada por una mayoría aplastante de la ciudadanía y con un escaso nivel de abstención que la otorgada por una mayoría acompañada de unos bajos niveles de participación? La convocatoria del controvertido referéndum de ratificación del Tratado Constitucional Europeo, realizada por el Gobierno de Zapatero, nos ofrece el mejor ejemplo al respecto. Nos bastaría con repasar los titulares publicados por los distintos medios de comunicación el 21 de febrero de 2005, es decir, el día siguiente de su celebración. Es obvio que el casi recién llegado Gobierno de José Luis Rodríguez Zapatero se jugaba mucho en esta convocatoria. A muchos le sorprendió su insistencia no sólo en convocar un referéndum, al que nada ni nadie le obligaba, sino también el hecho de que fuéramos el primer país en pronunciarnos sobre el Tratado tras su firma en Roma en octubre de 2004. Zapatero podía haber optado por una simple ratificación a través de las Cortes Generales, tal y como prevé el artículo 93 CE. Era muy arriesgado preguntar a la ciudadanía sobre una cuestión tan compleja y de la que se carecía de una completa información. Todo ello además en el contexto de los asuntos europeos que tradicionalmente han resultado de escaso interés para los electores. No hay más que recordar los elevados niveles de abstención de las elecciones al Parlamento europeo. De todas las interpretaciones que se manejaron en su momento, quizás la más satisfactoria sea la que tuvo en cuenta la necesidad de Zapatero de reforzar su posición como presidente del Gobierno tanto hacia el interior del país como hacia el exterior tras su «controvertida» llegada al poder en las elecciones del 11 de marzo de 2004. Era evidente que una respuesta masiva del electorado español a favor del Tratado Constitucional Europeo supondría una reválida de Zapatero no sólo como presidente del Gobierno español sino también como líder en Europa.

Sin embargo, los resultados del referéndum no fueron tan positivos como cabía esperar. Al menos si hacemos una valoración conjunta de todos los datos que arrojaron las urnas. Está claro que hubo un respaldo mayoritario al Tratado: un 76,73 por ciento aceptó el Tratado por el que se establece una Constitución para Europa, frente un 17,24 por ciento que contestó negativamente. Ahora bien, no podemos olvidar que la participación apenas superó el 42 por ciento, es decir, hubo un 57,68 por ciento de abstención. Más de la mitad de los electores no llegaron a pronunciarse sobre la consulta que le planteaba el Gobierno. Además, los votos en blanco llegaron al 6,03 por ciento: más de 800.000 personas acudieron a las urnas y, de manera consciente, depositaron una papeleta en blanco. Por lo tanto, y conjugando todos estos datos, ¿es posible afirmar que el pueblo español respaldó mayoritariamente el Tratado Constitucional Europeo?

La Constitución contempla otras tres modalidades de consulta popular. Las dos primeras relacionadas con el Estado autonómico. En primer lugar se preveía —lo escribo en pasado, porque una vez configurado el Estado autonómico la disposición carece de virtualidad— un referéndum de ratificación de la iniciativa autonómica en el procedimiento de acceso a la autonomía previsto en el artículo 151 CE. Es decir, en la vía «rápida» de acceso a la autonomía que, de hecho, sólo fue utilizada por Andalucía. En concreto el referéndum celebrado el 28 de febrero de 1980, además de los problemas jurídicos y políticos que planteó al no alcanzarse en Almería la mayoría exigida por la Constitución, fue el causante de la lectura más «autonomista» que a partir de entonces se realizó de nuestro modelo territorial. La clara voluntad de Andalucía de convertirse en una comunidad autónoma «de primera», equiparándose a los niveles de autonomía política de Cataluña, País Vasco o Galicia, provocó que se rompiera con la división inicialmente prevista entre la autonomía de las «nacionalidades históricas» y la del resto de «regiones» condenadas en un primer momento a una mera descentralización administrativa.

También se prevé un referéndum de ratificación de los estatutos de las autonomías del 151 (artículo 151.5), así como de las modificaciones que en ellos puedan realizarse (artículo 152.2). Unos referéndums a los que, en todo caso, sólo serán convocados los electores de la correspondiente comunidad autónoma. Un detalle que es necesario recordar en estos momentos de intenso debate político en torno a la reforma del Estatuto catalán. Una reforma que, tras ser aprobada por las Cortes Generales como Ley Orgánica (artículo 81 CE) será sometida a referéndum no de todos los españoles, sino de los electores de Cataluña.

Finalmente, el referéndum también está previsto en los procesos de reforma constitucional, si bien con distinta intensidad. En el caso del procedimiento del artículo 168 CE, que se refiere a una revisión total de la Constitución o a una parcial que afecte a sus partes esenciales —Título preliminar; capítulo segundo, sección 1.ª del Título I o Título II—, el referéndum es obligatorio. En estos supuestos de reforma, que pueden suponer la modificación de elementos esenciales del sistema constitucional, se exige un pronunciamiento directo de los ciudadanos tal y como lo hubo en el referéndum de aprobación del texto constitucional el 6 de diciembre de 1978.

En los demás casos (artículo 167), sólo se celebrará el referéndum cuando lo soliciten, dentro de los 15 días siguientes a la aprobación de la reforma por las Cortes Generales, una décima parte de los miembros del Congreso o del Senado. Así, en la única reforma constitucional realizada hasta el momento, la que obligó a cambiar el artículo 13.2 como consecuencia de la firma del Tratado de Maastricht en 1992, se realizó sin que los ciudadanos nos pronunciáramos sobre ella ya que no hubo solicitud de referéndum por ningún grupo de diputados o senadores. En el caso de que prosperen las propuestas de reforma planteadas por el Gobierno de Zapatero, y en cuanto a que deberían seguir la vía del

168, el referéndum sí que sería obligatorio. Debemos recordar que en dicha propuesta se incluyen cuestiones que pueden afectar al Título preliminar, tales como la inclusión de la denominación de las comunidades autónomas, o que suponen cambios en el Título II al prever la equiparación de hombres y mujeres en la sucesión a la Corona.

Menor relevancia aún tiene la iniciativa popular contemplada en el artículo 87 CE. En este artículo, y junto al reconocimiento de la iniciativa legislativa del Gobierno, el Congreso, el Senado y las asambleas de las CC. AA., se contempla la posibilidad de que los ciudadanos hagan llegar al Parlamento una propuesta legislativa. Este derecho, que se regula en la Ley Orgánica 3/1984, de 26 de marzo, está sometido a dos importantes limitaciones. De una parte, se exige que la iniciativa vaya respaldada al menos por 500.000 firmas. De otra, se excluyen de la misma las materias propias de ley orgánica, las tributarias, las de carácter internacional y la prerrogativa de gracia. Por tanto, y ante la recogida de firmas que ha llevado a cabo el Partido Popular en defensa de la unidad de la nación española, en el contexto del debate sobre la reforma del Estatuto catalán, habría que dejar muy claro que si la misma pretende avalar una iniciativa legislativa popular carece de posibilidades. El artículo 87.3 CE excluye taxativamente de la misma a las materias propias de ley orgánica y los Estatutos de autonomía, por mandato constitucional, son leyes orgánicas.

Con unas limitaciones similares este tipo de iniciativa se ha regulado en la mayor de las CC. AA. En algunas, como es el caso de Andalucía o Castilla y León, el legislador ha regulado esta iniciativa popular junto a la que también se reconoce a los Ayuntamientos.

Además de las limitaciones señaladas, y que han incidido en el poco uso que se ha hecho de este instrumento, hay que tener en cuenta que, como su propia denominación indica, la iniciativa popular no es más que eso, una iniciativa. El hecho de que llegue hasta el Congreso no significa que prospere y mucho menos que acabe convertida en ley. En primer lugar ha de ser admitida por la

Mesa del Congreso, la cual controla que la iniciativa cumpla todos los requisitos formales y no incida en una materia sobre la cual ya exista alguna propuesta legislativa. En segundo lugar, y una vez que se hayan recogido y autentificado las 500.000 firmas, la iniciativa será incluida en el orden del día del Pleno del Congreso que procederá a su toma en consideración. Será en este caso la voluntad mayoritaria de los grupos políticos la que decidida si la misma continúa o no su tramitación. Por lo tanto, es obvio que sólo aquellas iniciativas que gocen de un respaldo mayoritario y que, de alguna manera, hayan sido alentadas o apoyadas por determinados grupos políticos, tendrán posibilidades de prosperar.

2. 4. Una esperanza: la participación ciudadana en los municipios

En las últimas décadas han crecido las posiciones que defienden el ámbito local como un espacio privilegiado para el desarrollo de una participación más directa de los ciudadanos en los asuntos públicos. Se ha hablado en este sentido de «nuevo localismo» para designar a una tendencia seguida por muchos politólogos y sociólogos que, de esta manera, plantean una alternativa a la globalización. Incluso se ha inventado un término como «glocalización» para referirse a esa tendencia que trata de ofrecer respuestas locales a problemas que se plantean de manera global.

En nuestro país, sin embargo, los mecanismos de participación vecinal han sido contemplados de manera restrictiva por la legislación básica estatal y sólo de manera algo más «generosa» por algunas leyes autonómicas de régimen local. Su importancia se apoya en dos razones que discurren paralelas. Por una parte, está el hecho de que constituyen, o pueden constituir de hecho, la máxima expresión de la capacidad auto-organizativa de los entes locales. Por otra, su singularidad en cuanto instrumentos para complementar los esquemas tradicionales de la democracia representativa de partidos. Y es que, aunque el artículo 140 CE atribuya el gobierno y administración de los municipios a sus correspondientes Ayuntamientos, no deberíamos olvidar que aquellos son el espacio institucional más adecuado para desarrollar instrumentos de gestión más cercanos al ciudadano y para concretar el mandato que el constituyente dio a los poderes públicos en el artículo 9.2 CE en el sentido de promover la participación de los ciudadanos en la vida política, económica, social y cultural.

La reforma de la Ley Reguladora de las Bases de Régimen Local de 1985 (en adelante, LRBRL) llevada a cabo por la Ley 57/2003, de 16 de diciembre, de Medidas para la modernización del Gobierno Local (en adelante, LMGL), insistió en su exposición de motivos en la insuficiencia del tratamiento que de la participación ciudadana había realizado hasta el momento el legislador. Sin embargo, las previsiones de la nueva ley siguen siendo tímidas y apenas suponen un avance con respecto a las meramente declarativas y programáticas ya existentes. El artículo 70 bis.1 LRBRL se limita a proclamar que «Los Ayuntamientos deberán establecer y regular en normas de carácter orgánico procedimientos y órganos adecuados para la efectiva participación de los vecinos en la vida pública local, tanto en el ámbito del municipio en su conjunto como en el de los distritos, en el supuesto de que existan en el municipio dichas divisiones territoriales». Por otra parte, se establece el mandato de que las entidades locales impulsen la utilización interactiva de las tecnologías de la información y la comunicación para facilitar la participación y la comunicación con los vecinos, para la presentación de documentos y para la realización de trámites administrativos, de encuestas y, en su caso, de consultas ciudadanas (artículo 70.bis.3).

Debemos tener en cuenta que la LRBRL contempla entre los derechos y deberes de los vecinos (artículo 18), el de «participar en la gestión municipal de acuerdo con lo dispuesto en las leyes y, en su caso, cuando la colaboración de los vecinos sea interesada por los órganos de gobierno y Administración municipal». Para facilitar dicha participación se prevé que los municipios establezcan órganos territoriales de gestión desconcentrada (artículo 24 LRBRL), con la organización, funciones y competencias que cada Ayuntamiento les confiera, atendiendo a las características del asentamiento de la población en el término municipal, sin perjuicio de la unidad de gobierno y gestión del municipio. Incluso el artículo 27 LRBRL establece como criterios para la delegación de competencias de la Administración del Estado o de las CC. AA. en los entes locales la mejora de la eficacia de la gestión pública y la consecución de una mayor participación ciudadana.

Por tanto, la participación de los vecinos sólo puede realizarse de acuerdo con lo previsto en las leyes y cuando los órganos de gobierno y administración municipales la reclamen. Ello implica que normalmente la participación ciudadana quede subordinada al interés, habitualmente no excesivo de los órganos municipales, o mejor dicho, de los grupos políticos municipales, en ella. Hay que tener en cuenta que los vecinos pueden participar fundamentalmente a través de los órganos de carácter complementario, los cuales se regulan en los reglamentos orgánicos que son aprobados por el voto favorable de la mayoría absoluta de la corporación. En la práctica, en los municipios donde se han desarrollado estas posibilidades, lo más habitual es que el Pleno haya aprobado un reglamento de participación ciudadana en el que se establece un marco normativo que delimita las relaciones entre el gobierno local y los ciudadanos. En cuanto a los instrumentos previstos en estos reglamentos, la mayoría de ellos coinciden con los establecidos por el legislador (intervención en el Pleno municipal, formulas de iniciativa ciudadana, intervención en comisiones informativas, órganos de desconcentración, consultas populares, consejos sectoriales), persiguiendo, ante todo, solventar los costes de búsqueda de información por parte de los gobiernos municipales.

Además de los artículos comentados, la LRBRL dedica todo un capítulo, el cuarto del título V, a la «Información y participación ciudadanas». En él, se establece como mandato general dirigido a las corporaciones locales el «facilitar la más amplia información sobre su actividad y la participación de todos los ciudadanos en la vida local» (artículo 69.1 LRBRL). Pero, inmediatamente, se establece una limitación en el apartado 2.º: «Las formas, medios y procedimientos de participación que las corporaciones establezcan en ejercicio de su potestad de autoorganización *no podrán en ningún caso menoscabar las facultades de decisión que corresponden a los órganos representativos regulados por la ley*». Es decir, las vías de participación ciudadana directa se considerarán siempre como complementarias a los órganos representativos, por lo que los órganos que se creen para canalizar dicha participación tendrán facultades de asesoramiento, informe, debate previo, pero en ningún caso decisorias.

En la nueva redacción dada al artículo 18 LRBRL por la reforma de 2003 se ha incluido entre los derechos de los vecinos el ejercicio de la iniciativa popular en los términos previstos en el artículo 70 bis. A través de ella podrán presentar propuestas de acuerdos o actuaciones o proyectos de reglamentos en materias de competencia municipal. Dichas iniciativas han de ir suscritas por un porcentaje de vecinos fijado por el legislador de acuerdo con un baremo que atiende a la población de cada municipio. Ahora bien, tales iniciativas han de ser sometidas a debate y votación en el Pleno, sin perjuicio de que sean resueltas por el órgano competente en razón de la materia. Se requerirá, además, el previo informe de legalidad del secretario del Ayuntamiento, así como del interventor cuando la iniciativa afecte a derechos y obligaciones de contenido económico.

La ley de 2003 también ha previsto con carácter obligatorio para las «grandes ciudades» —el legislador entiende como tales aquellos municipios cuya población supere los 250.000 habitantes o las capitales de provincia con más de 175.000, así como los que sean capital de provincia, capital autonómica o sede de instituciones autonómicas o presenten determinadas circunstancias económicas, sociales, históricas o culturales siempre que en este caso superen los 75.000 habitantes y así lo decida la correspondiente asamblea autonómica— la creación de un Consejo Social de la Ciudad. Este órgano estará formado por representantes de las organizaciones económicas, sociales, profesionales y de vecinos más representativas. Le corresponderá, además de las funciones que determine el Pleno mediante normas orgánicas, la emisión de informes, estudios y propuestas en materia de desarrollo económico local, planificación estratégica de la ciudad y grandes proyectos urbanos.

Uno de los instrumentos de participación ciudadana más escasamente utilizado en el ámbito local son las consultas populares. En concreto, el artículo 71 LRBRL contempla la posibilidad de que los alcaldes, previo acuerdo por mayoría absoluta del Pleno y autorización del Gobierno de la nación, puedan someter a consulta popular aquellos asuntos de competencia propia municipal y de carácter local que sean de especial relevancia para los intereses de los vecinos, con excepción de los relativos a la hacienda local. Esta previsión ha sido desarrollada legislativamente por algunas Comunidades autónomas.

La utilización de las consultas populares ha sido por el momento prácticamente anecdótica. Algo fácil de explicar si tenemos en cuenta que difícilmente las fuerzas políticas se han atrevido a utilizar un procedimiento que podría condicionar sus decisiones. Por otra parte, las legislaciones aprobadas las han sometido a unos requisitos muy estrictos, por ejemplo, en lo relativo al número de vecinos que debe suscribir la solicitud de consulta popular. A todo ello hay que añadir que la misma Ley de Bases del Régimen Local condiciona en última instancia su celebración a la autorización del Gobierno de la nación, lo cual supone un límite injustificado de la autonomía política de los entes locales. En principio habría que entender que el Gobierno sólo podría denegar la celebración de una consulta popular por incumplimiento de los requisitos formales, sin que pudiera entrar en la valoración de los criterios políticos que hubieran llevado a una corporación local a plantearla. En todo caso, el Gobierno sólo podría entrar a valorar la posible incidencia de la consulta en el marco del interés general. En los últimos años diversas propuestas han planteado que dicha autorización debería corresponder al Gobierno autonómico y no al central.

Otra vía de participación prevista por el legislador es la que los vecinos llevan a cabo a través de las asociaciones. En concreto, el artículo 72 LRBRL establece un mandato muy genérico dirigido a que las corporaciones locales favorezcan el desarrollo de las mismas, les faciliten la más amplia información sobre sus actividades e impulsen su participación en la gestión de la corporación. Por lo tanto, se deja en manos de cada Ayuntamiento la fijación de los instrumentos que se consideren más adecuados para conseguir tales objetivos. Creo que en este extremo el legislador debería haber previsto instrumentos más eficaces que contribuyeran al desarrollo de la participación ciudadana en los municipios. Una experiencia que de manera aislada se está llevando a cabo no sólo fuera de nuestras fronteras, como sería el paradigmático caso de Porto Alegre, sino también en nuestro país. En ciudades como Córdoba hace años que se están experimentando fórmulas de participación vecinal como los denominados «presupuestos participativos». Sin embargo, los controvertidos resultados prácticos de estas experiencias nos obligan a ser prudentemente optimistas con respecto a las posibilidades de estos instrumentos.

No podemos olvidar que en el ámbito municipal, los grupos políticos y, más específicamente, el alcalde, necesita de una «red de apoyo» para mantener su liderazgo o bien para alcanzarlo. Esta red, constituida por un conjunto de asociaciones y colectivos ciudadanos de todo tipo, le suministra recursos (humanos, financieros, materiales), le posibilita el acceso a otros centros de poder o influencia, constituye el canal de información y comunicación con su municipio además de servir de mediadora entre el Alcalde y los vecinos, facilitando de este modo el proceso de filtración y agregación de demandas locales. Además, si se trata de una red sólidamente vertebrada en torno al alcalde, genera la suficiente legitimación hacia su persona y a la acción de gobierno como para situarle en inmejorables condiciones para su reelección. De esta manera, no es infrecuente que las relaciones entre el Alcalde y su correspondiente red acaben convirtiéndose en relaciones puramente clientelares. Éstas se ven favorecidas por los inseguros marcos jurídicos que regulan el derecho de asociación y por la escasa regulación de los procedimientos de participación de las asociaciones en la toma de decisiones.

Finalmente debemos aludir a los dos principales órganos que el legislador básico estatal contempla para permitir tanto la desconcentración de la gestión como una mayor participación ciudadana. Me refiero a las Juntas de distrito y a los Consejos sectoriales. Junto a ellos, que son los más extendidos, la ley ha previsto que el Pleno pueda establecer otros órganos desconcentrados. Será, por lo tanto, el reglamento orgánico de cada municipio el que cree este tipo de órganos, en función de las necesidades de cada municipio relativas a la prestación de servicios. Ahora bien, la reforma llevada a cabo en 2003 introdujo con carácter obligatorio en las «grandes ciudades» la creación de los distritos como divisiones territoriales propias (artículo 128 LRBRL). Los distritos, que serán creados y regulados por el Pleno, deberán dotarse de órganos de gestión desconcentrada a través de los cuales se impulsará y desarrollará la participación ciudadana en la gestión de los asuntos municipales. El legislador ha previsto que la presidencia del distrito ha de corresponder en todo caso a un concejal (artículo 128.3 LRBRL). De esta manera, se mantiene el control del ejecutivo municipal, porque se supone que el presidente del distrito pertenecerá a la mayoría gobernante, y se mediatiza la participación de los vecinos.

El principal problema que plantean estos órganos es la determinación de las personas que las componen. Normalmente sus miembros no son elegidos directamente por los habitantes del distrito sino que suelen ser designadas por el Pleno, en la mayor parte de las ocasiones de manera proporcional a los grupos políticos. En la práctica, este modelo de participación ha llevado a que quiénes en realidad participen sean algunas elites próximas al gobierno local. Con el objetivo de subsanar estas disfunciones, el Grupo Parlamentario Mixto presentó a finales de 2002 una proposición de ley, que no prosperó, en la que se pretendía introducir mediante la reforma de la Ley Orgánica de Régimen Electoral General la elección directa de los consejeros o consejeras de distrito.

Las Juntas de distrito deberían posibilitar una participación más directa de los vecinos en la gestión de los asuntos que le afectan. Debería garantizarse, pues, la elección por parte de los vecinos de sus representantes en las mismas, sin que hubiera ningún tipo de intervención de los grupos políticos locales. La composición mixta, en gran medida condicionada por las propuestas que realizan los grupos políticos del Ayuntamiento, determina la primacía de los miembros de la corporación y, en definitiva, el debilitamiento de la participación ciudadana. Se trata, por tanto, de un ámbito en el que los reglamentos orgánicos deberían introducir innovaciones que complementaran los tradicionales mecanismos de democracia representativa y permitieran la configuración de unos órganos más independientes de la corporación. Además, deberían concretarse las competencias, tanto deliberativas como ejecutivas, que podrían asumir por delegación. Creo que en determinados ámbitos —por ejemplo, servicios sociales— habría que profundizar en la gestión desconcentrada de los mismos a través de órganos de participación ciudadana. De esta manera, se conseguiría no sólo una mayor aceptación de determinadas políticas, es decir, una mayor legitimidad, sino que, al mismo tiempo, se lograría una gestión más eficaz de los asuntos municipales. Todo ello, por supuesto, supone transformar la visión tradicional que el legislador ha tenido de los órganos de participación ciudadana como órganos cuyas funciones no podían ir más allá de la deliberación o el informe.

Junto a las Juntas municipales de distritos, los Consejos sectoriales constituyen la otra vía para canalizar la participación de los ciudadanos y de sus asociaciones en los asuntos municipales. Mientras que las juntas de distrito favorecen la participación de asociaciones de vecinos o de barrio, los consejos sectoriales favorecen las de aquéllas cuyo objeto social tenga relación con el sector de que se trate. En cuanto a sus atribuciones, únicamente desarrollarán funciones de informe y, en su caso, propuesta, en relación con las iniciativas municipales relativas al sector de actividad al que corresponda cada consejo.

Uno de los aspectos más criticados de su regulación, por lo que de posible manipulación de la participación ciudadana puede suponer, es que deben estar presididos por un miembro de la corporación, nombrado y separado libremente por el alcalde. Ello, junto al papel decisivo del Pleno en cuanto a su organización y ámbito de actuación, resta independencia y autonomía a estos órganos que acabarán estando bajo el control de la mayoría dominante en la corporación. Deberían ser, pues, las asociaciones y colectivos ciudadanos los que determinaran la composición de estos órganos con las menores interferencias posibles del Pleno. Creo que las asociaciones inscritas en el Registro Municipal deberían organizarse, tal y como ya se está haciendo en algunos municipios, a través de Consejos locales de participación ciudadana. Debería ser este Consejo el que, en su caso, propusiera la composición de cualquier órgano de participación de aquéllas en la corporación local. El papel del Pleno debería ser de mera ratificación, estrictamente formal, de dichas propuestas.

En general, las limitaciones a que se hallan sometidos los instrumentos de participación ciudadana en los municipios revelan la desconfianza del legislador hacia los mismos, así como el temor de los partidos políticos a introducir mecanismos que puedan erosionar su posición dominante. Sin embargo, somos muchos los que estamos convencidos de que el ámbito local es el que ofrece mayores oportunidades para avanzar en la construcción de una democracia de mayor calidad. Habría que hacer por tanto una apuesta mucho más generosa por el reconocimiento y la consolidación de instrumentos como las consultas populares, la presentación de iniciativas por los vecinos, la intervención de estos en la elaboración de normas municipales o la conformación de unos órganos que permitan la presencia de los colectivos ciudadanos sin la interferencia de los partidos. Y, sobre todo, habría que avanzar en un doble sentido: por una parte, mediante el fomento de la participación vecinal más allá de las meras labores de propuesta e informe; por otra, extendiéndola a los asuntos que constituyen el núcleo duro de las políticas municipales (urbanismo, economía) y no reduciéndola a los ámbitos más «blandos» de las mismas (juventud, mujer, asuntos sociales). Todo ello en un marco jurídico mucho más preciso y estricto que evite en la medida de lo posible los dos riesgos que hemos comentado: la dependencia de los instrumentos de participación ciudadana de la voluntad política de turno y el fomento de relaciones puramente clientelares con determinados colectivos ciudadanos.

No creo que la utilización de estos instrumentos debilite ni los partidos políticos ni los procedimientos de adopción de decisiones de los correspondientes órganos de gobierno locales. En todo caso, les obligaría a cambios en su manera de enfocar la política local y, especialmente, las relaciones con los ciudadanos. Todo ello en aras de compensar la tendencia de los partidos a favorecer los intereses que les pueden reportar mayores beneficios electorales, y de incrementar las oportunidades de participación de todos los grupos sociales.

CAPÍTULO 3

LA RIGIDEZ DEL RÉGIMEN ELECTORAL ESPAÑOL

Con el objetivo de darle la mayor estabilidad posible al sistema democrático, el constituyente español, a diferencia de lo previsto en países como Alemania, Francia o Italia, optó por recoger en el texto constitucional la mayor parte de los elementos fundamentales del régimen electoral. Además remitió su desarrollo a una ley orgánica (artículo 81), que por tanto requiere para su aprobación y modificación mayoría absoluta del Congreso de los diputados. De esta manera, se trataba de prorrogar el inicial consenso en virtud del cual se habían incluido en el texto constitucional los aspectos fundamentales del sistema. Ello provoca como efecto una mayor estabilidad, en el sentido de que salvo que haya un amplio consenso entre las fuerzas políticas no será posible cambiar dichos elementos, ya que será necesario o bien reformar una ley orgánica, o en el caso de los constitucionalizados, proceder a la reforma de la Constitución. En los constituyentes pesaba sin duda una historia constitucional tremendamente inestable, en la que se sucedieron múltiples instrumentos normativos que no habían conseguido garantizar la pureza de los procesos electorales ni consolidar las estructuras partidistas.

Esta opción, sin embargo, provoca una especial rigidez del régimen electoral ya que hace mucho más difíciles las reformas al exigirse un acuerdo amplísimo entre los partidos políticos. Algo que, por ejemplo, en el actual panorama político resultaría difícil de conseguir. En todo caso hay que señalar que, desde que se aprobó en el año 1985, la Ley Orgánica de Régimen Electoral General ha sufrido un total de doce reformas, si bien ninguna de ellas ha incidido en los elementos esenciales del sistema electoral. Las únicas más significativas fueron las derivadas de la firma del Tratado de Maastricht, el cual extendió el derecho de sufragio pasivo a los ciudadanos comunitarios en las elecciones municipales.

El constituyente de 1978 primero y el legislador de 1985 después se limitaron a reiterar las fórmulas electorales que se habían adoptado desde los momentos iniciales de la transición. Las normas básicas de nuestro régimen electoral estaban ya presentes en la Ley para la Reforma Política 1/1977, de 4 de enero, y en el decreto regulador de las elecciones celebradas en junio de 1977.

El contenido electoral de la Ley para la Reforma Política, que fue el resultado del pacto entre el Gobierno reformista partidario del sistema proporcional y del principal grupo de las Cortes orgánicas que prefería el mayoritario, optó por un Parlamento bicameral, en el que los senadores serían elegidos en representación de las entidades territoriales. La Disposición Transitoria Primera de dicha ley contenía una serie de elementos que se han mantenido inamovibles hasta la actualidad: la determinación del número de diputados en un total de 350; la elección de cuatro senadores por provincia, uno por cada territorio insular y dos por Ceuta y dos por Melilla; la opción por una fórmula proporcional en el Congreso y mayoritaria en el Senado, así como la introducción de dos reglas condicionantes en gran medida los resultados electorales. Me refiero a la previsión de que se fijen porcentajes mínimos de votos para acceder al Congreso y de que se concrete un número mínimo inicial de diputados para cada circunscripción electoral. La suma de estos elementos se debe al acuerdo al que llegaron las diferentes fuerzas políticas que negociaron dicha ley. Por una parte, la adopción de un sistema proporcional fue defendida por el PSOE y el PCE, a los que posteriormente se sumó el Gobierno de UCD. La inclusión de elementos mayoritarios se debió a la presión de los procuradores de AP que se habían mostrado partidarios de un sistema mayoritario con distritos uninominales. Finalmente la elección de la provincia como circunscripción —es decir, como marco territorial de referencia para la conversión de votos en escaños— obedeció a las reivindicaciones de los nacionalistas vascos y catalanes.

Dicha Disposición Transitoria habilitaba además al Gobierno para regular las primeras elecciones democráticas. En virtud de esa habilitación se aprobó el Real Decreto Ley 20/77, de 18 de marzo, de normas electorales. Este decreto confirmó los elementos del sistema electoral ya previstos en la Ley para la Reforma Política y avanzó los que luego confirmaría la Ley Orgánica de Régimen Electoral General, tales como el 3 por ciento de barrera legal para la elección de diputados o la fórmula D'Hondt para el reparto de escaños.

Hay que tener en cuenta que estas normas electorales respondieron fundamentalmente a la voluntad política y a los intereses de quien ocupaba el Gobierno en aquel momento, si bien no se olvidaron otros condicionantes del proceso de transición democrática iniciado en nuestro país tras la muerte de Franco. Debemos recordar que el Decreto de 1977 iba a regular la elección de las que acabarían siendo Cortes constituyentes, es decir, las cámaras encargadas de elaborar el texto constitucional. Por ello era necesario conseguir la mayor legitimidad posible del proceso y, por tanto, conjugar intereses contrapuestos. Por una parte, se perseguía reducir el número de fuerzas políticas y favorecer su concentración. Por otra, era necesario integrar en el proceso a los nacionalistas. Todo ello con el objetivo principal de consolidar un sistema de partidos sin el que sería imposible asentar la democracia. De ahí también la opción por un sistema de listas cerradas y bloqueadas dirigido a evitar en la medida de lo posible los personalismos y la disgregación de las opciones electorales. Elementos como el número de diputados, la división de estos por provincias y la misma fórmula elegida para convertir los votos en escaños propiciaron un panorama político regido por dos grandes fuerzas y con una presencia parlamentaria muy importante de fuerzas nacionalistas y regionalistas. Estas pautas ya se hicieron presentes en los resultados de aquellas primeras elecciones democráticas. UCD obtuvo casi el 35 por ciento de los votos, lo que le permitió alcanzar 165 diputados. El PSOE alcanzó 118 diputados (21 por ciento de los votos) a los que se sumaron los 6 del Partido Socialista

Popular. El PCE consiguió 20 escaños y Alianza Popular, 16. El resto de la Cámara quedó conformada por representantes de partidos nacionalistas: 8 del PNV, 1 de Euskadiko Ezquerra, 11 del Pacto Democrático de Cataluña y 1 de Ezquerra Republicana. Vemos, pues, cómo las normas electorales habían propiciado un mapa político que, de alguna manera, determinaba la necesidad de elaborar un pacto constitucional a través del consenso. No cabe duda, pues, de que las normas electorales contribuyeron en gran medida al éxito de nuestra transición.

Debemos recordar que inicialmente el texto redactado por la ponencia constitucional no se pronunciaba sobre el sistema electoral y remitía a su regulación mediante la ley orgánica. Alianza Popular y UCD coincidieron inicialmente en esta opción. Sin embargo, el resto de grupos políticos se mostraron partidarios de que se incluyeran en la Constitución los elementos fundamentales del mismo. El grupo de UCD modificó su criterio inicial y acabó mostrándose partidario de la proporcionalidad y facilitando el consenso para que se constitucionalizaran los elementos básicos del sistema de elección del Congreso. El texto final sería aceptado con un gran acuerdo de todas las fuerzas políticas, hasta el punto de que en la votación de totalidad en el Congreso sólo dos diputados votaron en contra.

La Constitución, además de reconocer el sufragio como derecho fundamental (artículo 23) y considerar que tendrán la consideración de electores y elegibles todos los españoles que estén en pleno uso de sus derechos políticos (artículo 68.5), contempla los elementos básicos del sistema de elección de los diputados y senadores. En concreto, la Constitución contempla la limitación del número de diputados y senadores (artículo 68.1 y 69); la opción por la provincia como circunscripción electoral (artículo 68.2 CE), la asignación de un número inicial de diputados por provincia, distribuyéndose el resto en función de la población (artículo 68.2 CE) y la opción por criterios de representación proporcional para la elección de los diputados (artículos 68.3 y 152 CE). Con relación a la fórmula de elección de los senadores, el texto constitucional guarda silencio y se remite a una ley orgánica (artículo 69.2).

La Constitución es menos explícita en cuanto a las fórmulas electorales de los demás niveles territoriales. En relación a las Comunidades Autónomas, el artículo 152 se limita a prever una asamblea legislativa elegida por sufragio universal con arreglo a un sistema de representación proporcional que asegure la representación de las diversas partes del territorio. Hay que tener en cuenta que el modelo institucional previsto en el artículo 152, y que responde a los elementos de un sistema parlamentario típico, estaba pensado inicialmente sólo para las comunidades autónomas «de vía rápida». Tras la generalización del mismo nivel de descentralización, todas las comunidades asumieron el mismo tipo de organización institucional. Todas ellas contemplan un sistema electoral proporcional, regulado en sus estatutos y en sus correspondientes leyes autonómicas. Sólo Cataluña carece de una ley electoral, rigiéndose por lo previsto en la Ley Orgánica de Régimen Electoral que, como veremos, tiene carácter supletorio con respecto a la legislación electoral autonómica.

Mucho más abierta es la Constitución con respecto a la forma de elección de las corporaciones locales. El artículo 140 CE se limita a establecer que «los concejales serán elegidos por los vecinos del municipio mediante sufragio universal, libre, directo y secreto, en la forma establecida por la ley. Los alcaldes serán elegidos por los concejales o por los vecinos». Por lo tanto, el margen del que dispone el legislador en este ámbito es mucho mayor. Cabría pues introducir mediante ley fórmulas alternativas a las escogidas por el legislador y que han venido a reiterar en los municipios las fórmulas parlamentarias previstas en los otros dos niveles territoriales. Como veremos uno de los asuntos más debatidos en los últimos años ha sido la forma de elección de los alcaldes debido a la propuesta respaldada por un amplio sector de la doctrina y por algunos partidos políticos de introducir su elección directa por los ciudadanos.

Por lo tanto, cualquier reforma del sistema electoral que implicara el cambio de alguno de estos elementos —por ejemplo, pasar de una fórmula proporcional a una mayoritaria o la reducción del número de diputados por provincia— obligaría a una reforma constitucional. La reforma, en cualquiera de estos casos, debería seguir el procedimiento «ordinario» que se contiene en el artículo 167 CE ya que no resultaría afectada ninguna de las partes esenciales del sistema constitucional. Es decir, el proyecto de reforma debería ser aprobada por una mayoría de tres quintas partes del Congreso y del Senado. Si no se llegara a un acuerdo entre ambas cámaras, se intentará obtenerlo mediante la creación de una comisión paritaria de diputados y senadores, que presentaría un texto que será votado por el Congreso y el Senado. Si no se lograra la aprobación mediante el procedimiento anterior, y si el Senado aprobara el texto por mayoría absoluta, bastaría con que el Congreso lo aprobase por dos tercios. En este supuesto, como he explicado con anterioridad, sólo sería necesario celebrar un referéndum si lo solicitase una décima parte de alguna de las dos cámaras.

Ahora bien, también podría entenderse que una reforma de los elementos esenciales del régimen electoral afectaría al derecho fundamental de sufragio, por lo que habría que seguir el procedimiento agravado del artículo 168 CE. En este caso los requisitos exigidos harían aún más difícil reformar alguno de esos elementos. Hay que tener en cuenta que en este procedimiento se exige que el Congreso y el Senado aprueben la reforma por mayoría de dos tercios, debiéndose posteriormente proceder a la disolución de ambas cámaras y a la elección de unas nuevas Cortes Generales que deberán aprobar la reforma por la misma mayoría. Una vez aprobada, es obligatorio el referéndum para su ratificación.

La ley orgánica que regula el régimen electoral no fue aprobada hasta 1985. Hasta ese momento estuvo vigente el Decreto Ley 20/1977, de acuerdo con lo previsto en la Disposición Transitoria 8.ª CE. Esta disponía que, si no se hubieran desarrollado las previsiones de los artículos 68 y 69 (que remitían a una ley orgánica), serían de aplicación a las elecciones las normas vigentes con anterioridad, es decir, las del decreto de 1977. Esta norma se aplicó pues a las elecciones generales de 1979 y 1982, y a las autonómicas de 1980, 1981, 1982 y 1983. Debemos recordar que en 1978 se había aprobado la Ley 39/78, de 17 de julio, sobre elecciones locales y que las disposiciones transitorias de los distintos estatutos de autonomía contenían algunas disposiciones básicas para la celebración de las primeras elecciones autonómicas.

El mismo Tribunal Constitucional, en su sentencia 72/84, de 14 de junio, que resolvía un recurso de inconstitucionalidad contra el texto de una ley orgánica de incompatibilidades de diputados y senadores, dejó bien clara la necesidad de establecer una ley electoral. Esta finalmente sería aprobada en el año 1985 con el título de Ley Orgánica de Régimen Electoral General (en adelante, LOREG). Ésta, como ya hemos señalado, presenta un contenido muy continuista con la normativa electoral vigente hasta el momento.

Una primera duda que plantea esta ley es su denominación. ¿Qué debemos entender por régimen electoral general? El Tribunal Constitucional había dejado claro en su sentencia 38/83, de 16 de mayo, que no cabía identificar «régimen electoral general» con «elecciones generales», es decir, con las elecciones de nuestros representantes en el Congreso de los Diputados y en el Senado. Por el contrario, el régimen electoral general está compuesto «por las normas electorales válidas para la generalidad de las instituciones representativas del Estado en su conjunto y el de las entidades territoriales en que se organiza». El artículo 1 LOREG lo concreta al señalar su ámbito de aplicación. De acuerdo con este artículo, esta ley orgánica se aplica a:

- Las elecciones de diputados y senadores a Cortes Generales, sin perjuicio de lo dispuesto en los estatutos de autonomía para la designación de los senadores previstos en el artículo 69.5 CE.
- Las elecciones de los miembros de las corporaciones locales.
- Las elecciones de los diputados al Parlamento europeo.

En los términos que establece la Disposición Adicional 1.ª, las elecciones a las asambleas de las comunidades autónomas, y tiene carácter supletorio de la legislación autonómica.

Por lo tanto, el legislador optó por incluir en un mismo cuerpo normativo la regulación completa de todos los procesos electorales que se celebran en nuestro país. Ello tiene entre otras consecuencias el sometimiento de toda esta materia a la reserva de ley orgánica. Por lo tanto, sólo será posible modificar alguno de los elementos de cualquier proceso electoral mediante otra ley orgánica. Esta reserva dota de una especial rigidez, y por tanto de estabilidad, al régimen electoral. Algo lógico si tenemos en cuenta la centralidad del mismo en cualquier sistema democrático, ya que dicho régimen es el que articula el ejercicio del derecho de sufragio.

En todo caso no todo el contenido de la ley es orgánico. En concreto, la Disposición Adicional 1.ª LOREG marca cuáles de sus artículos son de aplicación obligatoria en las elecciones autonómicas. En todo lo demás, cada comunidad autónoma podrá regular con absoluta libertad el proceso de elección de su respectivo Parlamento, siendo la Ley Orgánica de Régimen Electoral General una norma de aplicación supletoria. De hecho, y como ya he comentado, en Cataluña no se ha aprobado en estos años una específica norma electoral y se aplica el contenido de la Ley Orgánica de Régimen Electoral General adaptado al correspondiente ámbito territorial. Sin embargo, y a pesar de todas las posibilidades que abría la legislación electoral central, los legisladores autonómicos no las han aprovechado y han optado por reproducir casi milimétricamente el sistema de elección del Congreso de los Diputados.

CAPÍTULO 4

EL DERECHO DE PARTICIPACIÓN POLÍTICA: LA CIUDADANÍA COMO CRITERIO DE EXCLUSIÓN

El artículo 23 CE al concretar los titulares del derecho de participación política se refiere expresamente a «los ciudadanos». Esta opción no es casual. Mientras que al regular otros derechos se utilizan fórmulas impersonales —«se reconoce»— o titularidades mucho más genéricas —«toda persona»—, el constituyente utiliza el término que tradicionalmente ha implicado la participación del individuo en los asuntos públicos.

La ciudadanía siempre se ha configurado como un «círculo cerrado» que progresivamente se ha ido extendiendo a medida que determinados sujetos pugnaban por romper los límites que marcaban quiénes eran miembros de pleno derecho de la comunidad. Este modelo de ciudadanía heredado del liberalismo supone una vinculación estricta con la nacionalidad. Es decir, es ciudadano de un Estado el que comparte el vínculo nacional.

En el Estado liberal, el ciudadano no fue otro que el hombre burgués. La ciudadanía se apoyó en un «universalismo abstracto» que difícilmente ocultaba que el pacto social era un pacto entre varones, y más concretamente entre varones propietarios. El ámbito público quedó vedado a los no propietarios, a los esclavos o las mujeres. Éstas fueron relegadas al ámbito privado y excluidas por tanto de la ciudadanía. De esta manera el horizonte del universalismo de los derechos, construido sobre la suma de la «igualdad formal» y del «principio de legalidad», convivió cínicamente con una práctica oligárquica.

Habría que esperar siglos para que ese «círculo» se fuera ampliando. En un primer momento para incluir a los «no propietarios» mediante el reconocimiento de la universalidad del derecho de sufragio. Un derecho que, en muchos casos hasta bien avanzado el siglo XX, se reconocerá sólo a los varones. Las mujeres seguirían sin ser consideradas ciudadanas, tal y como habían justificado además pensadores como Rousseau, Kant o Hegel. Sólo tras una intensa actividad reivindicativa de las mujeres, a las que se sumarían algunos hombres como John Stuart Mill, aquellas lograrían ver reconocido su derecho a participar en los asuntos públicos. Un derecho que, pese a su proclamación formal, sigue encontrando dificultades en unas sociedades que sólo muy lentamente están rompiendo las estructuras patriarcales.

En este siglo XXI ese círculo de nuevo vuelve a agrietarse ante las presiones de hombres y mujeres que reclaman un igual reconocimiento de derechos, al tiempo que exigen el respeto a la diversidad de sus identidades. Las migraciones masivas están poniendo en entredicho la concepción tradicional de la «ciudadanía» y la falsa «universalización» de los derechos humanos que sólo se convierten en *fundamentales* para aquellos que comparten el vínculo nacional. Todos los que quedan fuera de ese círculo no disfrutan del mismo conjunto de derechos y libertades, o al menos no con las mismas condiciones. Los «no nacionales» no son considerados como miembros plenos de la comunidad en la que trabajan o residen desde el momento en que no se les reconoce el derecho a participar en los asuntos públicos. De esta manera, la condición de extranjero se define por su exclusión respecto al poder político.

No cabe duda de que las sociedades actuales, que están dejando de responder al modelo homogéneo sobre el que se construyó el Estado moderno, requieren un nuevo concepto de ciudadanía que supere la concepción estrictamente formal de la igualdad y la identificación de aquélla con la nacionalidad. Una ciudadanía «inclusiva» que habrá de replantear las condiciones de universalización de los derechos, concebida desde un diálogo intercultural. Sólo de esa manera será posible conciliar los dos extremos que se configuran en el artículo 10.1 CE como fundamento de nuestro sistema constitucional. De una parte, el respeto a la dignidad de la persona, el libre desarrollo de su personalidad y la protección de sus derechos fundamentales. De otra, el mantenimiento del «orden político» y de la «paz social». Objetivos que será imposible alcanzar y mantener si seguimos manejando una concepción excluyente de la ciudadanía que implica mantener a un número cada vez más elevado de hombres y mujeres al margen de la definición de los intereses comunes.

Esa concepción excluyente es la que sigue dominando en sistemas constitucionales como el nuestro. El título I CE, consagrado a los derechos y deberes fundamentales, se inicia con una doble proclamación que marca la dimensión objetiva de los mismos y la apertura internacional de nuestra declaración de derechos. A la ya señalada proclamación del apartado primero del artículo 10 hay que añadir que la interpretación de las normas relativas a los derechos fundamentales y libertades constitucionales habrá de realizarse «de conformidad con la Declaración Universal de Derechos Humanos y los tratados y acuerdos internacionales sobre las mismas materias ratificados por España» (artículo 10.2).

Esta doble proclamación parece situarse en una concepción universalista de los derechos humanos, tal y como se ha venido plasmando en los diferentes textos internacionales que, desde la Declaración Universal de 1948, han concretado el mínimo de dignidad que ha de predicarse de todo ser humano. Sin embargo, este horizonte tan optimista es contradicho por la regulación que casi inmediatamente el propio texto constitucional realiza de los derechos de los extranjeros. En concreto, el artículo 13 CE dispone que «los extranjeros gozarán en España de las libertades públicas que garantiza el presente título en los términos que establezcan los tratados y la ley». Además se deja muy claro que sólo los españoles serán titulares de los derechos reconocidos en el artículo 23, es decir los más estrictamente políticos, «salvo lo que, atendiendo a criterios de reciprocidad, pueda establecerse por tratado o ley para el derecho de sufragio activo y pasivo en las elecciones municipales».

Por lo tanto, el artículo 13 CE, además de excluir a los extranjeros de la titularidad de determinados derechos, legitima que las normas internacionales o el legislador puedan condicionar o limitar el ejercicio de los que reconoce el título I. Por lo tanto, podemos afirmar que los derechos de los extranjeros son de configuración legal, en la medida en que el legislador puede establecer condiciones diferenciadas para el ejercicio de determinados derechos por parte de los no nacionales e incluso puede llegar a imposibilitar el mismo. No en vano el artículo 14 CE habla sólo de los españoles al reconocer *la igualdad ante la ley* y la prohibición de discriminación por cualquier condición o circunstancia personal o social. Por lo tanto, la misma Constitución pone las bases para una diferenciación del estatuto jurídico de las personas en función de su nacionalidad.

Esta limitada concepción de la igualdad ha sido confirmada por el legislador en la Ley Orgánica 4/2000, de 11 de enero, sobre derechos y libertades de los extranjeros en España y su integración social (en adelante, LODLE). A esta regulación hay que añadir la más que discutible doctrina que el Tribunal Constitucional ha venido desarrollado desde los años ochenta sobre los derechos de los extranjeros. Desde la sentencia 107/84, el Tribunal Constitucional ha establecido una clasificación tripartita de los derechos de los extranjeros: un primer grupo estaría constituido por los que corresponden por igual a españoles y extranjeros y cuya regulación ha de ser igual para ambos; un segundo grupo de derechos que no pertenecen en modo alguno a los extranjeros, en concreto los reconocidos en el artículo 23 de la Constitución, según dispone el artículo 13.2 y con la salvedad que contiene el mismo; y un tercer grupo constituido por una serie de derechos que se reconocerán a los extranjeros de acuerdo con lo que dispongan los tratados y las leyes, siendo entonces admisible la diferencia de trato con los españoles en cuanto a su ejercicio.

En el primer grupo estarían los derechos más *directamente* conectados la dignidad de la persona. De acuerdo con la jurisprudencia constitucional, entre ellos estarían el derecho a la vida, a la integridad física y moral, a la intimidad, a la libertad ideológica, el derecho a la libertad personal o el derecho a la tutela judicial efectiva. En el segundo se sitúa el derecho de sufragio con las excepciones previstas en el artículo 13.2 para el sufragio activo y pasivo en las elecciones municipales, y sobre las que luego volveremos.

El principal problema se plantea con respecto al tercer grupo y su distinción con respecto al primero, sobre todo si tenemos en cuenta que el criterio que ha venido utilizando el Tribunal Constitucional para distinguirlos es la mayor o menor conexión de determinados derechos con la dignidad de la persona. Una distinción que contradice la proclamación del artículo 10.1 CE y que deja en manos del legislador, y en su caso del juez constitucional, la concreción de los derechos en los que se proyecta la dignidad y que por tanto parece otorgar legitimidad a las restricciones normativas y administrativas que se impongan a los extranjeros. Por otra parte habría que tener presente que la distinción que el propio tribunal realiza con respecto a este grupo de derechos entre «titularidad» y «ejercicio» es hasta cierto punto cínica desde el momento en que poco sentido tiene reconocer formalmente la primera si de hecho se limita el segundo.

De hecho, la LODLE, tras la reforma de llevada a cabo por la LO 8/2000, ha introducido una serie de polémicas limitaciones en el ejercicio de determinados derechos fundamentales como el de reunión, asociación o sindicación. Resulta significativo que sean precisamente estas libertades, conectadas con la participación política, y por tanto con lo que podríamos considerar la dimensión más evidente de la ciudadanía, las que no se reconozcan a determinados sujetos en virtud de su situación administrativa. Y lo es porque supone reducir el ámbito público de actuación de los «no nacionales» lo que, a su vez, dificultará «su integración social», objetivo al que alude el mismo título de la ley.

Tal y como he señalando, la estricta conexión de la nacionalidad con la ciudadanía ha supuesto la exclusión de los extranjeros de la participación en los asuntos públicos. Así lo contempla el artículo 13.2 CE («Solamente *los españoles* serán titulares de los derechos reconocidos en el artículo 23...»), lo expresa literalmente el artículo 23 CE («*Los ciudadanos* tienen el derecho a participar en los asuntos públicos...») y lo concreta el artículo 68.5 CE al establecer que «son electores y elegibles *todos los españoles* que estén en pleno uso de sus derechos políticos». Esta exclusión opera, «salvo lo que, atendiendo a criterios de reciprocidad, pueda establecerse por tratado o ley para el derecho de sufragio activo y pasivo en las elecciones municipales» (artículo 13.2 CE). La LODLE reitera esta posibilidad pero refiriéndose en concreto a los «extranjeros residentes» (artículo 6).

En la redacción del artículo 13.2 encontramos sin embargo una primera y tímida ruptura de la identificación de la ciudadanía con la nacionalidad al permitir el ejercicio del derecho de sufragio a extranjeros siempre que se cumplan determinadas condiciones. Inicialmente el artículo sólo contemplaba el reconocimiento del sufragio activo. La ratificación del Tratado de Maastricht obligó a su reforma en 1992, introduciéndose entonces el sufragio pasivo. De esta manera, se daba un primer paso, confirmado por el Tratado por el que se establece una Constitución para Europa, para desvincular el ejercicio de los derechos políticos de la nacionalidad, con la salvedad de que la Unión Europea lo que hace es construir una nueva ciudadanía a partir de las nacionalidades de los Estados miembros. Es decir, son ciudadanos de la Unión los que sean nacionales de alguno de los Estados miembros. De nuevo, pues, la ciudadanía vuelve a funcionar como una categoría excluyente.

El principal problema que plantea la previsión del artículo 13.2 CE es la exigencia de «reciprocidad». Difícilmente se podrá llegar al reconocimiento del derecho de sufragio en las elecciones municipales a los inmigrantes si tenemos en cuenta la dificultad de concordar nuestra legislación con la de los países de los que mayoritariamente proceden aquéllos. De hecho, España sólo ha suscrito tratados de reconocimiento recíproco del derecho de voto en las elecciones municipales con países de los que no suelen proceder los inmigrantes que llegan al nuestro. Existe un acuerdo con Noruega y lo hubo también con los Países Bajos, Dinamarca y Suecia, los cuales fueron dejando de tener vigencia de acuerdo con el Tratado de la Unión Europea. De estos acuerdos merecen destacarse los requisitos que establecen para poder ejercer el derecho. En concreto, se exige la residencia legal e ininterrumpida del extranjero durante más de tres años, la posesión del permiso de residencia y la inscripción en el padrón del municipio en el que resida habitualmente.

Tampoco debemos olvidar un derecho que puede condicionar el ejercicio del sufragio pasivo como es el de formar parte de un partido político. La Ley Orgánica 6/2002, de 27 de junio, de partidos políticos, limita la creación de los mismos a los españoles (artículo 1.º). Ahora bien, amplía la titularidad del derecho a formar parte de un partido: «Los miembros de los partidos políticos deben ser personas físicas, mayores de edad, y no tener limitada ni restringida su capacidad de obrar». Por lo tanto, nada impediría que cualquier extranjero se inscribiera en un partido político. Aunque pueda parecer contradictorio que puedan formar parte de un partido personas que no tienen reconocido el derecho de sufragio, es evidente que puede ser una magnífica vía para conseguir la integración de los extranjeros y hacer presentes sus intereses y problemas en la vida pública.

Y es que no cabe duda de que si pretendemos conseguir el objetivo de la integración social de los extranjeros, a la que alude el mismo título de la LO 4/2000, es necesario extender a ellos la titularidad de los derechos políticos. Sólo mediante la participación en los asuntos públicos es posible su conversión en miembros plenos de la sociedad. Difícilmente podremos alcanzar el objetivo de que los inmigrantes asuman nuestro modelo de organización socio-política y los valores en los que se inspira si no les permitimos que también ellos se hagan responsables de la toma de decisiones. La exclusión de la participación política, es decir, de la ciudadanía, contribuye a generar divisiones y guetos, al tiempo que supone un obstáculo para el libre desarrollo de la personalidad y la conquista de la autonomía que la dignidad de cualquier ser humano reclama.

No debemos olvidar que en nuestro sistema constitucional el sufragio es un derecho fundamental pero también un deber cívico.

Obviamente no se trata de una obligación jurídica para el ciudadano o ciudadana —como sí lo es en países como Bélgica, Grecia o Luxemburgo—, pero sí de una obligación ética en cuanto es el instrumento que nos permite participar en el poder y contribuir a la toma de decisiones que nos afectan. De ahí la necesidad de extenderlo a todos y a todas las que, de momento, se hallan sometidos a un poder en el que no participan.

La extensión de los derechos políticos a los extranjeros debería iniciarse en el ámbito local, ya que éste constituye el entorno más próximo al individuo y en el que éste logra de manera más inmediata su integración. En este sentido debemos recordar que la LODLE, al regular los derechos de participación pública en su artículo 6, prevé que «los extranjeros residentes, empadronados en un municipio, tienen todos los derechos establecidos por tal concepto en la legislación básica de régimen local, pudiendo ser oídos en los asuntos que les afecten de acuerdo con lo que dispongan los reglamentos de aplicación».

Los Ayuntamientos, que de hecho son los que están asumiendo un mayor número de competencias en materia de inmigración aun cuando la legislación no lo prevea, habrían de desempeñar un papel clave en el desarrollo de instrumentos que garanticen la participación de los extranjeros en la vida local. Los reglamentos orgánicos municipales podrían articular dichos instrumentos, garantizando la presencia de los «vecinos» extranjeros en los órganos territoriales de gestión desconcentrada, Juntas municipales de distrito, Consejos sectoriales y cualesquiera otros órganos que pueden preverse en el organigrama municipal.

Igualmente los poderes locales deberían desarrollar un papel clave en el desarrollo de las asociaciones de extranjeros, de acuerdo con el mandato general establecido en el artículo 72 LRBRL. Estas asociaciones deberían tener presencia en el Consejo Social de la Ciudad, órgano consultivo que, como hemos visto, se ha previsto con carácter obligatorio para las grandes ciudades. Asimismo, debería facilitarse su participación en el procedimiento de aprobación de las ordenanzas locales para que sus intereses estuviesen presentes en las normas aprobadas por el Pleno, así como con carácter general en las sesiones del Pleno del Ayuntamiento en relación con algún punto del orden del día en cuya tramitación administrativa hubiesen intervenido como parte interesada (artículo 228.1 Reglamento de Organización, Funcionamiento y Régimen Jurídico de las Entidades Locales, aprobado por RD 2568/86, de 28 de noviembre).

Igualmente debería avanzarse en el reconocimiento del derecho de sufragio a los extranjeros de acuerdo con el criterio de la «residencia». Este modelo debería empezar a implantarse en el espacio local ya que es éste donde el individuo realmente se integra, y donde se identifican y se resuelvan los problemas más cotidianos. En este sentido, el estatuto de «vecino» debería constituir la base de una ciudadanía inclusiva. Y así, de la misma manera que el empadronamiento se ha convertido en la vía de acceso a determinados derechos, también podría servir como requisito para acceder a determinados instrumentos de participación ciudadana. Estas reformas legislativas habrían de contribuir al abandono progresivo del modelo tradicional configurado sobre la identidad nacional y a consolidar una ciudadanía construida sobre la pertenencia a la comunidad y la igualdad de derechos.

Un primer paso en este sentido se dio en el Congreso de los Diputados el pasado 21 de febrero de 2006. La cámara, a partir de una proposición no de ley procedente de Izquierda Unida, instó por unanimidad al Gobierno a que firmara convenios de reciprocidad con los países de origen de los inmigrantes para así permitir su voto en las elecciones municipales. De esta manera, y sin necesidad de reformar el artículo 13.2 CE, podrían votar los extranjeros con cuyos países se firmen convenios que permitan el voto de los españoles residentes. Igualmente la cámara encargó a la Comisión Constitucional la elaboración de un estudio sobre las medidas necesarias para favorecer la participación de los inmigrantes.

CAPÍTULO 5

LAS CONDICIONES PARA EL EJERCICIO DEL DERECHO DE SUFRAGIO

5.1. La inscripción en el censo electoral como requisito para el ejercicio del sufragio

La ley electoral es clara al exigir la ciudadanía entre los requisitos para ejercer el derecho de sufragio junto a la mayoría de edad y la inscripción en el censo electoral vigente (artículo 2). La mayoría de edad queda fijada por la propia Constitución en los 18 años (artículo 12 CE). Hay que señalar que, a diferencia de lo que sucede en otros países o de lo que fue habitual en otros momentos históricos, no se exigen edades distintas para ejercer el sufragio activo y pasivo, ni tampoco diferencias de edad en función del órgano representativo al que nos refiramos.

Junto a la nacionalidad, el censo aparece como un instrumento indispensable para el ejercicio del derecho de sufragio. El censo contiene la inscripción de todos los que reúnen los requisitos para ser elector y no se hallen privados del derecho de sufragio. Es obligatoria la inscripción en él, correspondiendo a los Ayuntamientos la tramitación de oficio de la inscripción de los residentes en el término municipal. La tramitación de las inscripciones de los españoles residentes en el extranjero corresponde a las Oficinas Consulares de Carrera y Secciones Consulares de las Misiones Diplomáticas El censo es permanente y su actualización es mensual. Para cada elección se utiliza el vigente en el día de convocatoria del correspondiente proceso electoral.

En tanto que la inscripción en el censo es un requisito esencial para el ejercicio del derecho de sufragio, el elector ha de disponer de los medios que le permitan resolver cualquier incidencia que pueda afectar a su derecho fundamental, tales como la exclusión del mismo o el error en alguno de los datos personales. Por ello, para cada elección el censo electoral ha de ser cerrado el día primero del mes anterior al de la fecha de la convocatoria. Los Ayuntamientos y los consulados deben mantener un servicio de consulta de las listas electorales durante el plazo de ocho días a partir del sexto posterior a la convocatoria. En ese plazo cualquier persona podrá formular una reclamación dirigida a la Delegación Provincial de la Oficina del Censo Electoral sobre sus datos censales. Estas reclamaciones podrán presentarse en las Delegaciones Provinciales del Censo o en los Ayuntamientos o consulados, que las remitirán a las respectivas delegaciones. Éstas deben resolver en el plazo de tres días. Las rectificaciones se expondrán al público el decimoséptimo día posterior a la convocatoria. Si el elector aún considera que dicha resolución no satisface sus intereses podrá interponer un recurso ante el juez de primera instancia en un plazo de cinco días a partir de la notificación de la resolución. La sentencia, que habrá de dictarse en el plazo de cinco días, agotará la vía judicial. Es decir, contra ella ya no cabrá ningún tipo de recurso.

5.2. Las limitaciones del derecho de sufragio: incapacidades electorales, inelegibilidades e incompatibilidades

Los españoles, y las españolas, sólo podrán ser privados del derecho de sufragio cuando se hallen en alguno de los supuestos previstos en el artículo 3 LOREG: estar condenados por sentencia judicial firme a la pena principal o accesoria de privación del derecho de sufragio durante el tiempo de cumplimiento; haber sido declarados incapaces en virtud de sentencia judicial firme, siempre que la misma declare expresamente la incapacidad para el ejercicio del derecho de sufragio o haber sido internados en un hospital psiquiátrico, durante el periodo que dure su internamiento y siempre que en la autorización del juez declare expresamente la incapacidad para el ejercicio del derecho de sufragio.

El artículo 3 LOREG habla en general de derecho de sufragio, por lo que en principio hemos de entender que el mismo se refiere tanto a su vertiente activa como a la pasiva. Sin embargo es necesario introducir algunas precisiones en relación con la primera causa de incapacidad electoral. La previsión del artículo 3 LOREG debemos entenderla modificada por la nueva redacción dada al Código Penal por la Ley Orgánica 10/95, de 23 de noviembre. El nuevo artículo 39 de dicho código se refiere sólo a la privación del sufragio pasivo. Sin entrar en la polémica que siempre han provocado las penas privativas de derechos, es evidente que privar a un sujeto de los derechos de participación política supone negarle la ciudadanía. Un individuo que haya sido condenado por la comisión de cualquier delito, incluso aun cuando haya sido condenado a la privación de libertad, sigue siendo ciudadano. Un ciudadano que sigue teniendo los mismos derechos salvo aquellos necesariamente limitados como consecuencia de la condena. Por lo tanto, y aun cuanto esté privado de libertad en un establecimiento penitenciario, sigue gozando del derecho de sufragio y la administración penitenciaria ha de facilitarle el ejercicio del mismo. Lo deja muy claro el artículo 4 del Real Decreto 190/1996, de 9 de febrero, por el que se aprueba el reglamento penitenciario, en el que se reconoce el derecho de los penitenciarios al ejercicio de los derechos políticos, «salvo cuando fuesen incompatibles con el objeto de su detención o el cumplimiento de la condena».

Se mantiene la privación del sufragio pasivo, ya que en este caso el ejercicio del derecho puede desembocar en el acceso a un cargo público con la responsabilidad que esto supone y las consecuencias problemáticas que de ello podrían derivarse. De ahí el establecimiento como pena de la prohibición de acceder a cargos públicos, además del mantenimiento de la inelegibilidad durante el tiempo que dure la privación de libertad (artículo 6 LOREG).

Una limitación de signo distinto a las incapacidades electorales son lasinelegibilidades, aunque conceptualmente puedan resultar muy próximas. Las causas de inelegibilidad son «condiciones negativas» que presuponen la capacidad electoral pasiva y que impiden temporalmente al sujeto políticamente capaz el poder ser válidamente elegido. El sujeto que es electoralmente incapaz no puede constituir de ningún modo una válida relación electoral. Por el contrario, quien es electoralmente capaz pero se encuentra en una situación de inelegibilidad sí puede constituir una relación electoral siempre que anule dicha situación dentro del límite temporal que marca la ley. Por lo tanto, para que un ciudadano sea elegible es necesario no sólo que posea la capacidad electoral pasiva sino que además no se encuentre en alguna de las situaciones de las que la ley hace surgir las causas de inelegibilidad. Éstas se determinan por el legislador con el objetivo de que la competición electoral se desarrolle en condiciones de igualdad y para proteger la genuina manifestación de voluntad del cuerpo electoral.

Basta con examinar alguno de los supuestos de inelegibilidad que contempla el artículo 70 CE, y que posteriormente completó el artículo 6 LOREG, para entender por qué quedan excluidos de la competición electoral quienes concurran en alguna de esas causas el mismo día de presentación de las candidaturas o en cualquier momento posterior hasta la celebración de las elecciones. En el artículo 70 CE se consideran inelegibles los componentes del Tribunal Constitucional, los altos cargos de la Administración del Estado, con la excepción de los miembros del gobierno; el Defensor del pueblo, los magistrados, jueces y fiscales en activo; los militares profesionales y miembros de las Fuerzas y Cuerpos de Seguridad y Policía en activo, y los miembros de las Juntas Electorales. El artículo 6 LOREG añade un largo listado de ilegibilidades entre las que se encuentran por ejemplo el presidente del Tribunal Supremo, el fiscal general del Estado, el director general de RTVE, el gobernador del Banco de España o los delegados del gobierno en las comunidades autónomas. Destacar también que se consideran inelegibles los condenados por sentencia, «aunque no sea firme», por delitos de rebelión, de terrorismo o contra las instituciones del Estado cuando la misma haya establecido la pena de inhabilitación para el ejercicio del derecho de sufragio pasivo en los términos previstos en la legislación penal. Esta previsión ha sido muy criticada en cuanto que atenta contra el principio de igualdad y contra el derecho de participación política del artículo

23.2 CE, así como contra el principio de presunción de inocencia, ya que hace aparecer la inelegibilidad aun cuando no haya una sentencia firme que demuestre la comisión de los delitos apuntados.

Hay que tener en cuenta que en el artículo 6 se contemplan dos tipos de inelegibilidades. Por un lado estarían las absolutas, es decir, las que afectan a cualquier circunscripción electoral y, por otro, las relativas, que sólo impiden a quienes incurren en ellas ser elegidos en determinadas circunscripciones. Por ejemplo, son inelegibles por las circunscripciones electorales comprendidas en todo o en parte en el ámbito territorial de su jurisdicción los delegados del Gobierno en las Comunidades autónomas o quienes ejerzan la función de mayor nivel de cada ministerio en las demarcaciones territoriales de ámbito inferior al estatal.

Una situación singular se plantea con respecto a los magistrados, jueces y fiscales, así como con los militares profesionales y de complemento y miembros de las Fuerzas y Cuerpos de Seguridad y Policía en activo que deseen presentarse a las elecciones. Éstos deberán solicitar el pase a la situación administrativa que corresponda y tendrán derecho a la reserva de puesto o plaza y de destino.

Debemos recordar que en el año 1997 se procedió a una reforma de la Ley Orgánica del Poder Judicial mediante la cual se trató de dar respuesta a algunas de los temores que habían planteado la presencia de determinados jueces en candidaturas políticas. El caso más paradigmático fue el del juez Garzón presentado como independiente en la candidatura del PSOE para la circunscripción de Madrid en las generales de 1993. Dicha reforma introdujo una serie de cautelas con el objetivo de salvaguardar la independencia de aquellos jueces que, habiendo desempeñado un cargo público representativo o simplemente habiendo figurado como candidato en un proceso electoral, vuelvan al desempeño de la función judicial. En concreto, la reforma estableció que los candidatos que no resulten elegidos quedan en situación de excedencia forzosa durante tres años. En este periodo no pueden reingresar en el servicio activo salvo que obtengan, mediante concurso, plaza o destino en el que no ejerzan la potestad jurisdiccional. En dicha plaza o destino deberán permanecer hasta que completan los referidos tres años. Este mismo régimen se aplica a los jueces y magistrados que finalicen su mandato como miembros de cámaras y asambleas legislativas o de corporaciones locales, así como a quienes cesen en el desempeño de cargos políticos o de confianza. Quienes accedan a la carrera judicial tras haber finalizado su mandato en alguno de los órganos citados o tras haber cesado en el desempeño de un cargo político o de confianza, quedarán en situación de excedencia forzosa siempre que no haya transcurrido el periodo de tres años que el legislador ha configurado como una especie de «periodo de enfriamiento» en el que se estima oportuno que el juez no vuelva a ejercer su función jurisdiccional para evitar conflictos de intereses.

A los supuestos de inelegibilidad contemplados por el artículo 6 habría que añadir los previstos para cada proceso electoral concreto y los que han añadido las leyes electorales autonómicas y que son el resultado de adaptar las previstas a nivel nacional al ámbito territorial de la Comunidad autónoma respectiva. Por ejemplo, en relación con las municipales el artículo 177 LOREG dispone que son inelegibles para el cargo de Alcalde o concejal, además de los que incurran en alguno de los supuestos previstos en el artículo 6, los deudores directos o subsidiarios de la correspondiente corporación local contra quienes se hubiera expedido mandamiento de apremio por resolución judicial.

A una finalidad distinta responden las incompatibilidades. Su diferencia fundamental con las inelegibilidades radica en que éstas operan cuando el elegido aún no existe. Es decir, las inelegibilidades operan sobre el ciudadano que, disfrutando de la capacidad electoral pasiva, se dispone a participar en un proceso electoral. Las normas que regulan la inelegibilidad pretenden evitar una posición privilegiada de un candidato que pueda influir en la libertad de los electores en virtud del cargo o posición que ocupa. La incompatibilidad, por el contrario, actúa cuando el candidato ya ha sido elegido. No supone, pues, un obstáculo a la validez de la elección, sino que se limita a imponer al elegido una opción entre sus ocupaciones y su mandato. Lo que se pretende es evitar la acumulación de un cargo parlamentario con otros de relieve constitucional ya que el ejercicio paralelo de ambos podría poner en peligro «la división de poderes» o podría incidir negativamente en el ejercicio del mandato representativo. En definitiva, se trata de evitar lo que se ha denominado muy gráficamente «conflicto de intereses» o el «tráfico de influencias» que puede producirse cuando confluyen intereses públicos y privados. Tal vez en estos casos deberíamos apelar más bien a la sensibilidad ética y política de nuestros representantes, pero dado que ésta no es suficiente para garantizar el correcto funcionamiento del sistema, es necesario acudir a una disciplina legal que garantice lo que la ética, por sí sola, no puede garantizar. En todo caso, junto a unas medidas legislativas que hagan más estricto el régimen de las incompatibilidades, no estaría de más abogar por una recuperación de una ética de la vida pública de la que los mismos partidos, y en general la clase política, fuera vigilante a través de «códigos de conducta» que les sirvieran de auto-limitación. Y, por supuesto, más que endurecer el régimen de incompatibilidades, habría que regular de manera mucho más estricta cuestiones como la financiación de los partidos políticos para evitar en la medida de lo posible las situaciones irregulares que con tanta frecuencia se presentan en la vida pública.

Los supuestos de incompatibilidad recogidos en la LOREG, y que se contemplan en relación con cada uno de los procesos electorales, responden a dos objetivos básicos: evitar la coincidencia entre el ejercicio del mandato representativo y el desempeño de una actividad pública o por la que se reciban remuneraciones con cargo a los presupuestos públicos; así como impedir el ejercicio de determinadas actividades privadas que podrían incidir en el ejercicio independiente del mandato. A dichos supuestos habría que añadir los contemplados por la legislación autonómica para los correspondientes procesos electorales.

Con respecto a los diputados y senadores, la LOREG deja bien claro que su mandato se ejerce en régimen de dedicación absoluta (artículo 157). En virtud de ello, su mandato es incompatible con el desempeño de cualquier otro puesto, profesión o actividad, públicos o privados, por cuenta propia o ajena, retribuidos mediante sueldo, salario, arancel, honorarios o cualquier otra forma. En particular, se marca la incompatibilidad con el ejercicio de la función pública y con el desempeño de cualquier otro puesto que figure al servicio o en los presupuestos de los órganos constitucionales, de las administraciones públicas, sus organismos y entes públicos, empresas con participación pública directa o indirecta, mayoritaria, o con cualquier actividad por cuenta directa o indirecta de los mismos. De este estricto régimen sólo se exceptiona la colaboración en la universidad en actividades de docencia o investigación de carácter extraordinario.

Finalmente, debemos apuntar las dos limitaciones impuestas por el artículo 67 CE: nadie puede ser miembro del Congreso y del Senado simultáneamente, ni acumular el acta de una asamblea autonómica con la de diputado al Congreso. La LOREG también impide acumular el acta del Parlamento central o de una asamblea autonómica con la de diputado del Parlamento europeo. Nada impide, sin embargo, ser concejal en un Ayuntamiento y desempeñar al mismo tiempo el cargo de diputado, senador o miembro de un Parlamento autonómico. En relación con estos supuestos debemos recordar que de manera reiterada se ha reivindicado en los últimos años la necesidad de limitar al máximo la acumulación de mandatos para evitar los conflictos de intereses. Ello, unido a una estricta limitación temporal de los mismos, contribuiría a reducir la excesiva profesionalización de la clase política.

Todas estas previsiones habría que ponerlas en relación con todas las medidas que en los últimos años se han venido desarrollando para incrementar los controles sobre nuestros representantes públicos. Piénsese por ejemplo en la obligación impuesta por los órganos rectores de varias cámaras legislativas de hacer públicas en sus páginas web las remuneraciones que reciben sus miembros e incluso la declaración de renta y patrimonio a la que les obliga la ley cuando toman posesión del cargo.

5.3. La garantía de pureza en el ejercicio del sufragio: la Administración electoral

La existencia de una Administración electoral profesionalizada e independiente es una de las condiciones fundamentales para que un proceso electoral se desarrolle con las debidas garantías de todos los derechos de los participan en él. Como bien expresa el artículo 8.1 LOREG la finalidad de la administración electoral es velar por «la transparencia y objetividad del proceso electoral y del principio de igualdad». Es decir, su objetivo es garantizar que los litigios y conflictos que se planteen en un proceso electoral sean resueltos de manera justa y por órganos independientes del Gobierno.

La Administración electoral está compuesta por las Juntas y por las Mesas electorales. Las primeras se estructuran en función de los distintos niveles territoriales. Así existe una Junta Electoral Central, Juntas electorales provinciales, de zona y, en su caso, de Comunidad autónoma.

La Junta Electoral Central, que tiene su sede en Madrid, es la única que tiene carácter permanente. Las demás son creadas para cada proceso electoral. Una de las cuestiones más debatidas ha sido el elevado grado de «judicialización» de la composición de estas juntas. Por ejemplo, la Central está compuesta por ocho vocales magistrados del Tribunal Supremo, designados por el Consejo General del Poder Judicial, y por otros cinco vocales catedráticos de Derecho o de Ciencias Políticas y Sociología, designados a propuesta conjunta de los partidos, federaciones, coaliciones o agrupaciones de electores con representación en el Congreso de los Diputados. Esta opción responde a la confianza en que los miembros del Poder Judicial garantizarán de manera más adecuada los derechos que están en juego en cualquier proceso electoral.

Entre las competencias de la Junta Electoral Central debemos destacar la de cursar instrucciones de obligado cumplimiento para el resto de juntas electorales y resolver con carácter vinculante las consultas que éstas le planteen; unificar los criterios interpretativos de la aplicación de la materia electoral, resolver las quejas, reclamaciones y recursos que se le dirijan, o incluso ejercer la potestad disciplinaria sobre todas las personas que intervengan con carácter oficial en las operaciones electorales. De ese largo listado de competencias, cabe destacar su labor interpretativa de la normativa electoral, lo cual ha dado lugar a una abundante doctrina que es fundamental para la delimitación de determinados preceptos electorales, así como la resolución de los conflictos que se han venido planteando en los distintos procesos electorales. Piénsese por ejemplo en los derivados del uso de los medios de comunicación de titularidad pública, lo cual ha provocado reiterados conflictos en torno a la igualdad de acceso de todos los candidatos.

La creación de las Juntas electorales autonómicas depende de los legisladores autonómicos. El artículo 8.2 LOREG dispone literalmente que «integran la administración electoral las Juntas Electorales, Central, Provincial, de Zona *y, en su caso,* de Comunidad Autónoma [...]». Entre las facultades que las leyes electorales autonómicas les atribuyen cabe destacar las relativas a la resolución de los recursos que las juntas inferiores plantean en materia de elecciones autonómicas. Uno de los mayores problemas que plantean estas juntas es su delimitación con respecto a la Junta Electoral Central, ya que ésta sigue conservando competencias en materia de elecciones autonómicas, a pesar de que exista una Comunidad Autónoma. De ahí que sería conveniente que la LOREG regulase los aspectos fundamentales de las Juntas autonómicas y delimitase sus funciones con respecto a la Central.

Las Juntas electorales provinciales son las directamente encargadas del desarrollo del procedimiento electoral en un sentido estricto. Respetando el superior criterio de la Junta Electoral Central, pueden cursar instrucciones de obligado cumplimiento a las Juntas electorales de zona y también resolver de forma vinculante las consultas que estas Juntas le eleven. Finalmente, las Juntas electorales de zona, con sede en las localidades cabeza de partidos judiciales, tienen atribuidas funciones como la resolver las consultas que les pueden hacer llegar los electores, supervisar la formación de las Mesas electorales o resolver las alegaciones que les planteen los presidentes y vocales de las mesas electorales.

Las Mesas electorales se crean para cada proceso electoral. En cada Sección electoral, que son las divisiones territoriales en que se organiza cada circunscripción, hay una. Cada Mesa está compuesta por un presidente y dos vocales, los cuales son elegidos por sorteo público entre la totalidad de personas censadas en la Sección correspondiente, que sean menores de sesenta y cinco años y que sepan leer y escribir. El único requisito que se exige para poder ser nombrado presidente es tener el título de Bachiller o el de Formación Profesional de segundo grado, o subsidiariamente el de Graduado Escolar.

Hay que recordar que estos cargos son obligatorios y no pueden ser desempeñados por quienes se presenten como candidatos. Los ciudadanos tienen un plazo de siete días para alegar ante la Junta electoral de zona una causa justificada y documentada que les impida la aceptación del cargo. Este carácter obligatorio determina también que los trabajadores por cuenta ajena y los funcionarios que hayan sido nombrados miembros de una mesa tengan derecho a un permiso retribuido de jornada completa durante el día de la votación, si es laboral. En todo caso, tienen derecho a una reducción de su jornada de trabajo de cinco horas el día inmediatamente posterior, así como a las dietas correspondientes.

Junto a estos miembros las distintas candidaturas pueden nombrar apoderados e interventores. Los apoderados, cuyo nombramiento ha de ser formalizado ante notario o ante el secretario de la Junta electoral provincial o de zona, tienen derecho a acceder libremente a los locales electorales, a examinar el desarrollo de las operaciones de voto y de escrutinio, a formular reclamaciones y protestas, así como a recibir las certificaciones que prevé la ley electoral. Además, el representante de cada candidatura puede nombrar dos interventores por cada Mesa electoral. Los interventores pueden participar en las deliberaciones de la mesa con voz pero sin voto. De alguna manera actúan como «vigilantes» de que el proceso de votación se realice con las debidas garantías y sin perjuicio para ninguna de las candidaturas.

CAPÍTULO 6

EL PROCEDIMIENTO ELECTORAL

El procedimiento electoral está regulado en el capítulo 6.º del título I de la Ley Orgánica de Régimen Electoral General. En él se contemplan cuatro momentos principales: la presentación y proclamación de candidaturas, la campaña electoral, la votación y el escrutinio y proclamación de los candidatos electos. A ellos habría que añadir otros dos que serían el inicial y el final de cualquier procedimiento electoral: la convocatoria de elecciones y la resolución de los posibles recursos que se hayan planteado contra la proclamación de electos. A continuación analizaré con detenimiento cada uno de estos momentos.

6.1. La convocatoria de elecciones

La ley electoral distingue varios supuestos de convocatoria de elecciones en función de que se prevea o no, y en su caso se haga uso del mismo, el derecho de disolución anticipada del correspondiente cuerpo legislativo. Como señalaba al principio de este texto, el derecho de disolución es una potestad que en el sistema parlamentario corresponde al jefe del Ejecutivo y que supone un contrapeso frente a las facultades de destitución que el Legislativo posee sobre el Gobierno a través de la moción de censura. Esta potestad se contempla en relación con el presidente del Gobierno en el artículo 115 CE. El decreto de disolución del Congreso, del Senado o de ambas cámaras ha de fijar la fecha de las elecciones. Debemos recordar que lo más habitual en estos treinta años de democracia ha sido que el presidente del Gobierno haya disuelto las cámaras antes de que transcurran completamente los cuatro años de legislatura. En la mayor parte de los casos esta disolución anticipada ha obedecido a una cuestión de estrategia política: se entendía que podía ser más rentable para el partido en el Gobierno la celebración de las elecciones en un determinado momento anterior a la fecha de finalización de la legislatura.

Este poder de disolución anticipada no se contempla en la Constitución con respecto a los presidentes autonómicos. La misma sólo se contempló inicialmente en los estatutos de autonomía de las consideradas «nacionalidades históricas», es decir, Cataluña, País Vasco y Galicia. En el resto de comunidades fue introduciéndose en los años noventa bien a través de instrumentos legislativos concretos, como por ejemplo en sus leyes de gobierno, o de reformas del propio Estatuto de autonomía. Recientemente, la inclusión de esta potestad de disolución se ha previsto por ejemplo en los proyectos de reforma estatutaria de Valencia y Andalucía.

En el caso de que se haga uso de facultad de disolución anticipada, los decretos de convocatoria de elecciones se publican al día siguiente de su expedición en el *Boletín Oficial del Estado* o, en su caso, en el *Boletín Oficial de la Comunidad Autónoma* correspondiente. En esos decretos se fijarán la fecha de las elecciones que habrán de celebrarse el día quincuagésimo cuarto posterior a la convocatoria. Si no se hace uso de dicha facultad, los decretos de convocatoria se expiden el día vigésimo quinto anterior a la expiración del mandato de las respectivas cámaras.

Tanto en el caso de elecciones locales, como de las asambleas legislativas de aquellas Comunidades autónomas cuyos presidentes no tengan atribuida la facultad de disolución anticipada, los decretos de convocatoria se expiden el día quincuagésimo quinto antes del cuarto domingo del mes de mayo del año que corresponda. Las elecciones se celebran el cuarto domingo de dicho mes y los mandatos, de cuatro años, terminan en todo caso el día anterior al de la celebración de las siguientes elecciones. Esta norma es la que explica la coincidencia justo en el cuarto domingo del mes de mayo del año que corresponda de las elecciones municipales y las de los parlamentos de las Comunidades autónomas en las que no se contempla la disolución anticipada de sus asambleas.

6.2. La presentación de candidaturas

Una vez convocadas las elecciones, la primera fase del procedimiento electoral está constituida por la presentación de candidaturas y la proclamación de candidatos. Esta presentación constituye uno de los momentos fundamentales de cualquier proceso electoral ya que a través de las candidaturas es como el ciudadano puede ejercitar su derecho de sufragio pasivo. Es decir, el ejercicio de este derecho depende de que la persona titular del mismo sea presentada como candidata por una de las organizaciones habilitadas por la ley para ello. De tal manera que casi podríamos afirmar que el sufragio pasivo es una «capacidad virtual» que deviene real sólo mediante la intermediación de los partidos que son los que prácticamente monopolizan la presentación de candidaturas.

Y es que aunque la ley electoral legitima para esta presentación a los partidos y federaciones inscritos en el correspondiente registro, a las coaliciones y a las agrupaciones de electores (artículo 44), los datos nos demuestran que son los partidos los que dominan la presentación de candidaturas. Una situación favorecida, como vengo diciendo, por una legislación electoral que pretendía, desde sus orígenes, fortalecer la democracia de partidos. De ahí que las reflexiones sobre el sistema electoral, y en definitiva sobre el ejercicio de nuestro derecho fundamental de participación política, deben incidir sobre el régimen jurídico de los partidos políticos y sobre los enormes déficit democráticos que presenta su organización interna.

6.2.1. Una vía frustrada: las agrupaciones de electores

La única vía de la que disponen los ciudadanos para presentarse como candidatos al margen de los partidos son las agrupaciones de electores. Sin embargo, los requisitos establecidos legalmente y las ventajas de las que gozan aquéllos han determinado que en la práctica hayan sido escasas las candidaturas presentadas a través de esta vía.

Las agrupaciones, a diferencia de lo que ocurre con los partidos, y al igual que sucede con las coaliciones, tienen su vida constreñida a un concreto proceso electoral, sin que generen una asociación política. Este carácter temporal determina la carencia de unas estructuras, materiales y humanas, que tan necesarias son en cualquier proceso electoral. Piénsese en los medios de los que disponen los grandes partidos para enfrentarse a cualquier campaña electoral, frente a los cuales las posibilidades de actuación de una agrupación de electores son mínimas. Si a eso añadimos el progresivo desinterés de los ciudadanos por los asuntos públicos, encontramos una obvia explicación al carácter meramente anecdótico que las agrupaciones han tenido en los procesos electorales celebrados en nuestro país.

A esas dificultades debemos añadir las exigencias establecidas por la misma ley electoral. En el caso de las elecciones generales, las agrupaciones necesitan estar avaladas con la firma de al menos el 1 por ciento de los inscritos en el censo electoral de la circunscripción (artículo 169 LOREG). En las elecciones municipales las firmas exigidas varían en función de la población del municipio de acuerdo con el baremo establecido en el artículo 187. Los documentos acreditativos de las firmas exigidas deben acompañar a los escritos de presentación de las candidaturas, teniendo en cuenta que cada elector sólo podrá apoyar una candidatura.

Un régimen singular se prevé para las elecciones al Parlamento europeo. En este caso, tanto los partidos como las coaliciones, federaciones y agrupaciones de electores necesitan acreditar la firma de 15.000 electores. Ahora bien, los partidos, federaciones y coaliciones lo tienen más fácil ya que pueden sustituir dicho requisito por las firmas de cincuenta cargos electos, ya sean diputados, senadores, diputados españoles del Parlamento europeo, miembros de los Parlamentos autonómicos o de las corporaciones locales (artículo 220.3 y 4 LOREG).

La Ley Orgánica 6/2002 de Partidos Políticos (en adelante, LOPP), añadió un nuevo apartado al artículo 44 LOREG que afecta a las agrupaciones de electores. En concreto, el nuevo apartado 4º de dicho artículo prohíbe la presentación de candidaturas a aquellas agrupaciones de electores que, de hecho, vengan a continuar o suceder la actividad de un partido político declarado judicialmente ilegal y disuelto, o suspendido. El legislador concretó que para valorar esa continuidad se tendrían en cuenta «la similitud sustancial de estructuras, organización y funcionamiento de las personas que los componen, rigen, representan o administran las candidaturas, de la procedencia de los medios de financiación o materiales, o de cualesquiera otras circunstancias relevantes que, como su disposición a apoyar la violencia o el terrorismo, permitan considerar dicha continuidad o sucesión». Esta previsión hay que unirla a la que presume fraudulenta la creación de un nuevo partido político o la utilización de otro ya inscrito en el registro que continúe o suceda la actividad de un partido declarado ilegal y disuelto (artículo 12 LOPP).

Como todos recordamos, el objetivo principal de la Ley de Partidos de 2002, fruto de la política antiterrorista pactada entre el PSOE y el PP, fue la ilegalización de Batasuna. La controvertida ley dispone que un partido será declarado ilegal cuando su actividad vulnere los principios democráticos y persiga destruir el régimen de libertades. Para valorar esa violación de las «reglas del juego» democrático deberán tenerse en cuenta la realización por el partido, de forma reiterada y grave, de algunas de las conductas previstas en el artículo 9 LOPP. Entre ellas, claro está, el apoyo expreso o tácito al terrorismo, la inclusión en sus órganos directivos o en sus listas electorales de personas condenadas por delitos de terrorismo o la colaboración con entidades o grupos que de manera sistemática actúen de acuerdo con una organización terrorista y violenta. El legislador fue tan explícito que estaba claro que la Ley de Partidos se había hecho pensando en su aplicación inmediata a una formación política determinada.

La ley legitima para instar la declaración de ilegalidad al Gobierno y al Ministerio Fiscal (art. 11). Además, el Congreso de los Diputados o el Senado pueden instar al Gobierno para que solicite dicha declaración. El órgano encargado de resolver la demanda será la sala especial del Tribunal Supremo regulada en el artículo 61 de la Ley Orgánica del Poder Judicial. De acuerdo con este procedimiento, a principios de septiembre de 2002 la fiscalía general del Estado y el Gobierno presentaron sendas demandas de ilegalización de Batasuna. El 27 de marzo de 2003 el Supremo hizo público el fallo en que ilegalizaba Herri Batasuna, Euskal Herritarrok y Batasuna, el cual se basaba en que los citados partidos no habían desarrollado una actividad respetuosa con el pluralismo ni se habían conducido de forma democrática, habiéndose demostrado que habían ejecutado una estrategia preconcebida por la banda terrorista ETA.

Era de esperar que los efectos de la ilegalización de Batasuna centraran el debate de la campaña de las elecciones municipales del 25 de mayo de 2003. En dicho proceso fueron anuladas por el Tribunal Supremo un total de 241 candidaturas amparándose en las previsiones que había introducido en la ley electoral la LOPP (sentencias del 3 de mayo de 2003). De acuerdo con esta reforma el recurso contra la proclamación de candidaturas, que más adelante comentaré, presenta determinadas especialidades cuando se plantea con respecto a las agrupaciones de electores a que se refiere el artículo 44.4 LOREG. En estos casos, el recuso ha de interponerse ante la misma sala encargada de la disolución de los partidos, es decir, la sala especial del Tribunal Supremo regulada en el artículo 61 de la Ley Orgánica del Poder Judicial. Además, también están legitimados para interponer este recurso los que lo están para solicitar la declaración de ilegalidad de un partido, es decir, el Gobierno y el Ministerio Fiscal. Fueron éstos los que impugnaron una serie de candidaturas ya que estimaron que suponían de hecho una continuidad con el partido que había sido disuelto unos meses antes. Los representantes de las 241 candidaturas anuladas presentaron otros tantos recursos de amparo ante el Tribunal Constitucional, que serían resueltos en la sentencia 85/2003, de 8 de mayo, la cual sólo otorgó el amparo a 16 listas. El resto, por lo tanto, fueron excluidas del proceso electoral.

Este procedimiento de anulación de candidaturas ofrece muchas dudas en cuanto a su legitimidad constitucional ya que, de hecho, impidió el ejercicio del derecho de sufragio pasivo a ciudadanos que no estaban privados de su capacidad electoral ni se hallaban incursos en causa alguna de inelegibilidad. Además hay que tener presente su incidencia en el derecho de sufragio activo ya que éste forma parte indisociable del pasivo. De hecho uno de los efectos de este proceso fue que en nueve municipios navarros no pudieron celebrarse elecciones ante la ausencia de candidaturas.

Tanto las sentencias del Supremo como la del Constitucional mantuvieron que la exclusión de dichas agrupaciones del proceso electoral no implicaba una vulneración del derecho de sufragio pasivo de aquellas personas que, integradas en una de las candidaturas anuladas, no tenían restringida su capacidad electoral pasiva. Esta limitación estaba justificada por la finalidad de «salvaguardar principios esenciales de nuestro sistema democrático». Sin embargo, la valoración de muchas de las circunstancias que sirvieron para justificar la continuidad de las agrupaciones electorales enjuiciadas con los partidos ilegalizados plantea muchas dudas. Por ejemplo, es muy dudoso que la presencia en una lista de un candidato condenado a la pena de inhabilitación para el sufragio pasivo, o de un ciudadano que con anterioridad hubiera accedido a un cargo público a través de una candidatura de uno de los partidos disueltos, «contamine» al resto de candidatos. Supone una interpretación de, cuando menos, dudosa constitucionalidad ya que implica extender la falta de capacidad electoral pasiva a otras personas en las que no concurre el supuesto de hecho que legitima dicha privación.

El Tribunal Constitucional legitima esa extensión con una confusa interpretación del artículo 44.4 LOREG en el que, según la sentencia 85/03, se contiene una «causa de ilegibilidad parcial». El Tribunal introduce un concepto inédito que contradice su doctrina anterior sobre el sufragio pasivo. Las causas de inelegibilidad no pueden ser más que «totales» ya que cuando afectan a un ciudadano le impiden «totalmente» ejercer su derecho de sufragio pasivo. No tiene mucho sentido afirmar, como hace el Tribunal Constitucional, que «las personas que figuran en la agrupación no proclamada pueden ejercer su derecho de sufragio pasivo a través de otra candidatura» porque, de hecho, una vez concluidos los recursos previstos legalmente, es materialmente imposible que se incorporen a otra candidatura. Por lo tanto, se está privando de manera absoluta del derecho de sufragio pasivo a las personas que figuren en las candidaturas anuladas. Más acorde con la naturaleza del derecho fundamental en juego hubiera sido configurar dichas circunstancias como causas de inelegibilidad y que, por lo tanto, afectasen a personas concretas, de manera que su presencia en una lista obligaría a cambiar esos candidatos pero no conllevaría la anulación de toda la candidatura. Por otra parte, también es muy cuestionable que quien ha mantenido una relación en el pasado con un partido disuelto quede para siempre marcado por ese vínculo y no pueda presentarse nunca más como candidato en una lista. La extensión de estos argumentos llevaría al absurdo de que, por ejemplo, la presencia en una lista de un inhabilitado para ocupar un cargo público implicaría la privación del sufragio pasivo al resto de candidatos.

Pero es que, además, la decisión del Constitucional incide en la misma naturaleza que presentan las agrupaciones de electores. Éstas, como he señalado, son instrumentos de participación política de los ciudadanos, de carácter temporal y constituidas al margen de los partidos. Las candidaturas cuya validez se discutían respondían a ese patrón. Una vez disueltos los partidos que eran cauce de expresión de un determinado proyecto político, era de esperar que los ciudadanos se organizaran a través de la vía que la ley les posibilita para participar en un proceso electoral al margen de los partidos.

El Tribunal Constitucional apoyó su decisión en una valoración conjunta de todas las agrupaciones ya que de la suma de ellas cabía deducir un entramado similar al de un partido. Lo decisivo para el tribunal era probar que «las agrupaciones electorales cuya proclamación se deniega operan materialmente como componentes constitutivos de un partido *de facto* y no como verdaderos instrumentos de participación política que agotan su sentido en la actualización del ejercicio del derecho de sufragio pasivo por parte de los particulares que en ellas se agrupan». El punto débil de este argumento se halla en que, incluso aunque se demuestre que las agrupaciones actúan como continuación de un partido, también están obrando como instrumentos para el ejercicio del sufragio pasivo de los que en ellas se integran. Y ésta es su característica primaria. Además se entiende que cada una de las candidaturas es, por su propia naturaleza, independiente de cualquier otra. Su ámbito es el de una circunscripción y no es posible una candidatura colectiva que se extienda a más de una circunscripción. Es muy discutible que los poderes públicos entren a valorar el porqué de la creación de las agrupaciones, los antecedentes de sus miembros o su mayor o menor vinculación con otras fuerzas políticas. No fueron pues los ciudadanos los que desnaturalizaron las agrupaciones electorales, sino que más bien fue el Tribunal Constitucional el que lo hizo al añadir una serie de exigencias y, sobre todo, al valorar las intenciones o los objetivos de aquéllas. Lo que habría que probar en todo caso es que hay es una continuidad en los métodos. Éstos, entre otras cosas, no deberían someterse inicialmente a enjuiciamiento pues la vida de la agrupación electoral comienza con la presentación de las correspondientes candidaturas.

Estas, y otras polémicas generadas por la Ley de Partidos, pone de manifiesto la dificultad de establecer en un sistema democrático límites al pluralismo político. En el caso de la ley que analizamos, es obvio que dichos límites venían marcados por unos clarísimos objetivos políticos apoyados por los dos partidos mayoritarios a nivel nacional. Otro debate, que nos llevaría a valorar criterios de estricta oportunidad política, es en qué medida estos instrumentos legales van a contribuir a acabar con la violencia en el País Vasco y ayudarán a la integración del nacionalismo vasco. Desde el punto de vista más estrictamente jurídico, el mayor riesgo radica en que, en nombre de la hipotética protección del sistema democrático, se limiten y restrinjan derechos fundamentales. Un riesgo siempre presente cuando se trazan fronteras que inciden en el ejercicio de la ciudadanía.

6.2.2. Los requisitos formales de presentación de las candidaturas

Las legislaciones electorales suelen exigir una serie de requisitos formales para la presentación de candidaturas. Éstos han de guardar un equilibrio entre dos extremos. De una parte, han de ser lo suficientemente rígidos para salvaguardar la seriedad del proceso. De otra, han de de propiciar la más amplia capacidad de elección del elector. Hay que tener en cuenta que la presentación de candidaturas incide en el ejercicio de derechos fundamentales, por lo que no pueden establecerse requisitos que los dejen sin contenido. Nuestra legislación electoral se inclina más por el segundo de los objetivos porque, sobre todo de cara a los partidos, las exigencias que plantea no son especialmente complejas. Incluso esta levedad de requisitos ha sido debatida por la doctrina, ya que hay quienes opinan que debería limitarse el excesivo número de candidaturas que llegan a presentarse, lo cual, entre otras cosas, supone un evidente gasto. De ahí que se haya reclamado por ejemplo la exigencia de una fianza a los partidos que quieran presentar candidaturas, tal y como es habitual en países de sistemas mayoritarios como Francia o Reino Unido. Téngase en cuenta que, por ejemplo, en las pasadas generales presentaron candidaturas más de noventa fuerzas políticas.

El primer requisito exigido por el legislador es que las candidaturas sean suscritas por los representantes de los partidos, federaciones y coaliciones, o por los promotores de las agrupaciones de electores (artículo 45 LOREG). Esos representantes se convierten a lo largo del proceso electoral en los interlocutores de las candidaturas y de los candidatos incluidos en ella con la Administración electoral. Son los encargados de presentar las candidaturas ante la Junta electoral competente, de presentar los recursos administrativos y judiciales que prevé la ley en relación con la proclamación de candidatos o de nombrar interventores para las mesas electorales. Igualmente pueden participar en el escrutinio de las mesas electorales así como en los actos de escrutinio general de las juntas electorales.

Las candidaturas han de presentarse en la Junta electoral competente entre el decimoquinto y el vigésimo día posteriores a la publicación de la convocatoria de elecciones. Este plazo se considera improrrogable y referido siempre a días naturales, de manera que la Junta electoral no proclamará las candidaturas presentadas fuera de plazo.

Una de las cuestiones frecuentemente debatidas por la doctrina es la excesiva duración del proceso electoral que se extiende a lo largo de 54 días, con los evidentes gastos que ello origina. De ahí que se hayan hecho numerosas propuestas dirigidas a reducir ese plazo. En concreto, algunas propuestas han incidido en la reducción de los plazos relacionados con la presentación de candidaturas. Por ejemplo Pablo Santolaya Macchetti ha propuesto reducir a 15 días el plazo de presentación de las mismas y suprimir la publicación en los correspondientes boletines oficiales tanto de las candidaturas proclamadas definitivamente como sobre todo de las provisionales. Esta publicación sería sustituida por una certificación por parte de las Juntas electorales además de por la difusión en prensa.

El artículo 46 LOREG regula minuciosamente los requisitos formales que deben cumplir todas las candidaturas. En primer lugar exige que en el escrito de presentación de cada candidatura se exprese claramente la denominación, siglas y símbolo del partido, federación, coalición o agrupación que la promueve, así como el nombre y apellidos de los candidatos incluidos en ella. En la campaña electoral no deberán utilizarse otros símbolos distintos a los que consten en dicho escrito. Una regla que pretende evitar la confusión en los electores, los cuales han de poder identificar claramente las opciones políticas que se presentan. Una exigencia necesaria ya que en un sistema de listas cerradas y bloqueadas el elector suele determinar su voto no tanto por las personas incluidas en la candidatura sino más bien por el partido que las presenta.

Hay que tener en cuenta que la inscripción por el partido de su denominación, siglas y símbolos en el Registro de Partidos Políticos conlleva el derecho a su utilización, por lo que, consecuentemente, no puede utilizar otros distintos y especiales para las elecciones. Incluso el Tribunal Constitucional ha llegado afirmar que si se produce un conflicto entre un partido y una coalición, existe un derecho preferente de los partidos en virtud de su inscripción en el registro.

Un problema planteado con relativa frecuencia ha sido el de la utilización por más de un partido de denominaciones o símbolos iguales lo cual, obviamente, puede provocar confusión en el electorado. Uno de los primeros conflictos se planteó en los años ochenta y enfrentó a la coalición «Los Verdes» con el grupo «Los Verdes Ecologistas». El problema volvió a plantearse en los noventa con las coaliciones «Alternativa de Izquierdas-Los Verdes» y «Los Verdes-Grupo Verde». El Tribunal Constitucional, en la sentencia que resolvía el recurso de amparo planteado, llegó a la conclusión de que las candidaturas estaban lo suficientemente diferenciadas, sobre todo si se tenía en cuenta que el término «verdes» había adquirido en los últimos años un carácter genérico como expresión de una determinada ideología y no de un concreto partido o coalición. De hecho el Constitucional rechazó en 1999 los recursos planteados por Los Verdes por la utilización por Izquierda Unida de la misma denominación.

La ley electoral prohíbe expresamente que las candidaturas utilicen símbolos que reproduzcan la bandera o el escudo de España, o denominaciones o símbolos que hagan referencia a la Corona. Una prohibición obvia que trata de mantener la Corona al margen de las luchas electorales. Unas previsiones similares se contemplan en muchas de las leyes electorales autonómicas con respecto a la bandera o símbolos de cada comunidad.

En cuanto a las personas incluidas en la candidatura, se deben incorporar sus nombres y apellidos, la declaración de aceptación de la candidatura y los documentos acreditativos de sus condiciones de elegibilidad. Junto al nombre de los candidatos, puede hacerse constar su condición de independiente o, en caso de coaliciones o federaciones, la denominación del partido al que cada uno pertenezca.

El recurso a personas independientes como candidatos, es decir, a hombres y mujeres que no son miembros del partido político que presenta la candidatura, ha sido habitual en los últimos años, sobre todo entre los grandes partidos. Normalmente se recurre a ellas cuando en una determinada circunscripción, o incluso a nivel general, se quiere aprovechar su fuerza mediática, su mérito o capacidad profesionales o precisamente el mismo carácter de persona «independiente» del partido correspondiente. Es evidente que la presencia de independientes supone una cierta ruptura con el enorme peso de las estructuras partidistas y puede suponer un factor de apertura de éstas a la sociedad. Supone también un recurso a personas de las que se valora su trayectoria profesional al margen de la política y, por tanto, puede suponer un revulsivo contra las críticas que se realizan al alto nivel de profesionalización de la política.

El recurso a los independientes puede utilizarse, por ejemplo, para hacer presentes en las candidaturas a determinados grupos o colectivos próximos a una determinado partido y con los que se comparte al menos parte del proyecto político que se presenta en unas elecciones. Ello contribuye a reforzar su legitimidad y amplía la capacidad de proyección social del partido. Sin embargo, no creo que la experiencia en este sentido de los partidos españoles haya sido especialmente significativa. Entre otras cosas por dos circunstancias que corren paralelas: la misma cautela de los partidos a la hora de introducir elementos que puedan suponer a largo plazo una fisura de su férrea disciplina, y la misma resistencia de las personas que no están afiliadas a introducirse en la dinámica oligárquica de las fuerzas políticas. En este sentido, es significativo cómo en la mayor parte de los casos, esos independientes acaban convirtiéndose en miembros del partido que los eligió para sus candidaturas.

Las candidaturas se publican el vigésimo segundo día posterior a la convocatoria. Dos días después las juntas electorales competentes comunican a los representantes las irregularidades apreciadas de oficio o denunciadas por los representantes de otras candidaturas. Tienen un plazo de 48 horas para proceder a su subsanación. Las candidaturas son finalmente proclamadas el vigésimo séptimo día posterior a la convocatoria.

6.2.3. El recurso contra la proclamación de candidatos

La libertad y el correcto ejercicio del derecho de sufragio exigen una serie de garantías. El apartado 2.º del artículo 70 CE consagra el control judicial de las elecciones, siguiendo la línea ya marcada por el Real Decreto-Ley 20/77. El cúmulo de garantías jurisdiccionales previstas, incluida la posibilidad de recurrir en amparo ante el Tribunal Constitucional, se debe al excesivo celo tanto del constituyente como del legislador a la hora de proteger el proceso electoral. De nuevo nos encontramos ante una serie de cautelas que derivan de los temores a la repetición de las manipulaciones y corruptelas propias de nuestra historia constitucional y de la necesidad de garantizar al máximo el ejercicio de unos derechos fundamentales para la salud de la democracia. El sistema de recursos diseñado ha provocado también que sea el Tribunal Constitucional el que se pronuncie en última instancia en materia electoral al resolver los recursos de amparo contemplados por el legislador. De esa manera, y a pesar que no estar previsto ni en la Constitución ni en su ley reguladora, el Tribunal Constitucional ha acabado por convertirse en una especie de «juez supremo electoral», lo cual no ha dejado de provocar numerosas críticas.

El primero de los recursos que regula la ley electoral es el que cualquier candidato excluido o cualquier representante de una candidatura proclamada o no puede interponer contra los acuerdos de proclamación de las juntas electorales (artículo 49 LOREG). Este recurso puede plantearse en un plazo de dos días a partir de la proclamación ante el juzgado de lo contencioso-administrativo. La resolución ha dictarse también en un plazo muy breve, dos días, y tendrá carácter firme e inapelable. Contra ella sólo cabrá interponer en el plazo de dos días un recurso de amparo ante el Constitucional, el cual debe resolver en los tres días siguientes. Creo que el legislador debería haber previsto un recurso de alzada similar al que, como veremos, se contempla en relación con la proclamación de electos. Dicho recurso evitaría una excesiva utilización de la vía jurisdiccional y ayudaría a descargar de trabajo al Tribunal Constitucional.

6.3. La campaña electoral

Tal y como la define el legislador, la campaña electoral está constituida por el conjunto de actividades lícitas llevadas a cabo por los candidatos, partidos y federaciones, coaliciones o agrupaciones de electores, en orden a la captación de sufragios (artículo 50. 2 LOREG). Esta fase del proceso electoral es quizás en la que se pone más de manifiesto que, como bien advierte Antonio Porras Nadales, «mientras aparentemente el resto del mundo se transforma con la expansión tecnológica y la revolución telemática, el funcionamiento de las instituciones representativas sigue ajustándose a la lógica de la democracia liberal clásica, y los problemas de la gobernabilidad se siguen procesando a través de esquemas ideológicos procedentes del siglo pasado, sin que los cambios en los sistemas de información y comunicación supongan ninguna transformación sustancial del sistema político».

Una de las cuestiones más controvertidas del procedimiento electoral es el comienzo de la campaña electoral. Aunque la ley establece que la misma se inicia el día trigésimo octavo posterior a la convocatoria, de hecho la actividad de los partidos y candidatos comienza mucho antes, de tal manera que es muy difícil distinguir la «precampaña» de la campaña en un sentido estricto. Todos sabemos cómo ante cualquier proceso electoral la presencia de los candidatos en los medios y los actos dirigidos a difundir determinados mensajes, se inician incluso meses antes que se dé el pistoletazo de salida a la campaña propiamente dicha. Incluso determinadas actuaciones de los partidos y de sus líderes pueden hacernos pensar que «viven» permanentemente en campaña por la importancia que en la vida política cotidiana han cobrado los medios de comunicación y la difusión a través de ellos de determinados mensajes con la finalidad de influir en la opinión pública.

Por todo ello, cada vez tiene menos sentido esta delimitación que ha venido marcada tradicionalmente por la pegada de carteles que los líderes de los partidos realizan a las cero horas del día de comienzo oficial de la campaña electoral. Sería conveniente pues adelantar el comienzo de la campaña al momento de proclamación de las candidaturas, manteniendo su duración actual de quince días ya que la misma garantiza que se puedan realizar dos fines de semana de campaña. Esta reforma podría permitir reducir los plazos del proceso electoral que en la actualidad se extiende a lo largo de 54 días. Una duración excesiva sobre todo si tenemos en cuenta los gastos que origina.

Los dos únicos elementos que quedarían delimitados por los quince días que dura la campaña serían la petición de voto a realizar por los candidatos y la financiación pública que el legislador ha previsto para dichas actividades. Así se desprende de la doctrina de la Junta Electoral Central que ha sostenido que, por ejemplo, la colocación de carteles en los que no se contenga una expresa petición de voto antes del inicio de la campaña no constituye actividad de propaganda electoral. Se trata de una actividad amparada por el principio de libertad de expresión y por el libre desarrollo de las actividades habituales de las fuerzas políticas.

También cada vez tiene menos sentido la fijación de un final preciso para la campaña: las cero horas del día inmediatamente anterior a la votación. El objetivo de esta previsión es dejar un día libre de actos de propaganda electoral para que el elector tenga la «tranquilidad» necesaria para decidir su voto. Es la conocida como «jornada de reflexión». Esta delimitación temporal ha llevado hasta el absurdo de que la Junta Electoral Central tenga que pronunciarse sobre las celebraciones o fiestas que algunos partidos realizan al cierre de la campaña. Con respecto a ellas, la Junta Electoral Central ha determinado que lo que en ellas está prohibido es realizar actos de propaganda dirigidos a la captación de sufragios después de las cero horas de la jornada de reflexión.

Aparte de que es muy discutible que el elector decida su voto justo veinticuatro horas antes de acudir a las urnas, cada vez es más complicado controlar que no se difundan en dicha jornada mensajes que puedan incidir en las posiciones de los ciudadanos. Piénsese por ejemplo en la dificultad de introducir algún tipo de control en los mensajes o en la información que se difunde por Internet o incluso, como bien se puso de manifiesto en las elecciones generales de marzo de 2004, a través de los mensajes de los móviles. Precisamente la experiencia vivida en la jornada previa a dichas elecciones generales es el máximo ejemplo de la relatividad de dicha prohibición.

La Junta Electoral Central ha dejado claro que en la jornada de reflexión cabe difundir información objetiva que no entrañe propaganda electoral. El problema está en que, en situaciones como la vivida en nuestro país en marzo de 2004, resulta difícil delimitar la información de la mera propaganda. Es obvio que para determinadas fuerzas políticas la actuación de determinados medios como la Cadena Ser durante la jornada del 13 de marzo respondió a una pura y simple difusión objetiva de información, mientras que para el PP se trató de un censurable intento de manipulación electoral.

A todas estas previsiones hay que añadir que, tal y como ha establecido la Junta Electoral Central, hasta la hora de cierre de los colegios electorales no puede emitirse programación alguna en la que participen los candidatos o los representantes de las candidaturas.

Estas dificultades de delimitación temporal son sólo algunos de los cambios que en los últimos años están afectando al desarrollo de las campañas electorales. Los métodos que se utilizan en la actualidad para captar los votos de los electores poco tienen que ver con los que eran habituales en los años iniciales de nuestra democracia. Las características de la denominada por Bernard Manin «democracia de audiencia» condicionan los instrumentos que los partidos utilizan para hacerse presentes en la opinión pública y para desarrollar en definitiva la actividad propagandística con la que procuran «vender un determinado producto» en el «mercado electoral».

Las campañas electorales han terminado por centrarse en la utilización de los medios de comunicación, y muy especialmente la televisión, lo cual ha acabado reduciendo al máximo el resto de actuaciones que los candidatos han utilizado tradicionalmente para llegar a los electores. Por ejemplo, cada vez tiene menos sentido la celebración de mítines tal y como se realizaban en los años ochenta. Incluso en procesos electorales recientes ha sido frecuente la suspensión de algunos de ellos ante la ausencia de público. Los partidos, sobre todo los grandes partidos que son los que disponen de más medios, se han centrado en la celebración de grandes reuniones y concentraciones en determinadas ciudades, las cuales gozan de una inmediata atención por parte de los medios de comunicación. En este sentido, podemos hablar de una progresiva «americanización» de las campañas. Un proceso que incluso se extiende más allá de los procesos electorales y que acaba condicionado la dinámica de los partidos. Un buen ejemplo de esta adopción del modelo norteamericano sería la convención del PP celebrada durante el primer fin de semana de marzo de 2006. El propio secretario de Comunicación del partido explicó a los medios cómo varios responsables del PP habían viajado a Estados Unidos para asistir a congresos y convenciones de los principales partidos norteamericanos para copiar el modelo. El resultado fue una convención marcada por las nuevas tecnologías y la escenografía televisiva, presentador de las «estrellas» del partido incluido. Una convención en la que parecían importar más los mensajes que se transmitieran al exterior que la fijación de líneas políticas del propio partido. De acuerdo con los parámetros de un mundo en el que, como bien apunta Daniel Innerarity, la celebridad parece pesar más que la competencia.

Estas circunstancias, junto con la mínima regulación que la ley electoral contiene de la financiación pública de las campañas electorales, favorecen sin duda a las grandes maquinarias partidistas. Éstas son las que tienen más facilidad de acceso a los medios de comunicación y las que disponen de mayores recursos, tanto materiales como humanos, para organizar una campaña electoral en la que cada vez más se utilizan técnicas de *marketing* y publicidad. Se trata de «estar» en los medios, de reiterar determinados mensajes para que calen en la opinión pública y de diluir al máximo los proyectos políticos. Y, por supuesto, todos estos factores contribuyen a reforzar la «personalización» de la campaña que suele centrarse en los líderes de los partidos por encima de los programas políticos e incluso de las mismas siglas del grupo político que lo respalda. Un ejemplo nos explica perfectamente esta evolución. Todos recordamos el eslogan principal del PSOE en la campaña de las elecciones generales de marzo de 2004: «ZP Presidente». Una prodigiosa idea de un experto en *marketing* electoral que, al igual que se suele hacer con cualquier producto que ha de competir en el mercado, recurre a unas siglas y a un mensaje corto, fácil de ser recordado por todos. Un mensaje que además olvida al partido y al proyecto político y se centra en la figura del candidato a la Presidencia del Gobierno. Un ejemplo que además nos pone de manifiesto la progresiva *presidencialización* de nuestro sistema parlamentario y la dimensión plebiscitaria que han ido adquiriendo los comportamientos electorales.

Una previsión que también ha resultado polémica en ocasiones es la de la realización por parte de los poderes públicos de una campaña institucional en la que se informe a los ciudadanos sobre la fecha de votación y el procedimiento para hacerlo, sin que en ningún caso se influya en la orientación del voto de los electores (artículo 50 LOREG). La Junta Electoral Central ha dejado claro en las numerosas ocasiones que se ha pronunciado sobre la «campaña institucional» que en ellas no pueden utilizarse leyendas, eslóganes o elementos que coincidan con los utilizados por entidades políticas en su campaña electoral, ya que ello puede inducir a la confusión del electorado.

En numerosas convocatorias electorales los partidos situados en la oposición han criticado la utilización de una campaña «formalmente» institucional con la pretensión de influir en el electorado. En otras ocasiones los poderes públicos que convocaban las elecciones no han utilizado esta posibilidad, lo cual ha sido criticado por considerar que de esa manera se estaba favoreciendo la abstención.

Baste con recordar la experiencia tan cercana del referéndum de ratificación del Tratado Constitucional Europeo celebrado el 20 de febrero de 2005. En concreto, varios partidos denunciaron la campaña informativa sobre dicho referéndum promovida por el Gobierno. Ante un recurso de ERC y otras fuerzas políticas, la Junta Electoral Central aprobó una resolución en el que aconsejaba al Gobierno que eliminase de la campaña expresiones que pudieran influir en el sentido del voto de los electores. IU abundó en las quejas sobre la campaña y presentó otro recurso, pidiendo la suspensión de la misma en tanto que sus contenidos no se ajustaban a los principios de objetividad e igualdad. La Junta Electoral Central decidió archivar esta nueva denuncia a la vista de las medidas adoptadas por el Gobierno tras su acuerdo del 19 de enero de 2005. En concreto, el 21 de enero se publicó en el BOE una orden en la que la vicepresidenta primera del Gobierno y ministra de Presidencia ordenaba dar cumplimiento de dicho acuerdo de la Junta Electoral Central. En consecuencia se ordenaba revisar los contenidos de la página web <www.constitucioneuropea.es>, eliminando todos aquellos que no fueran rigurosamente neutrales o que conllevasen juicios de valor que pudieran influir directa o indirectamente en la posición o actitud de los ciudadanos, así como retirar de todas las dependencias de la Administración General del Estado aquellos elementos integrantes de las campañas que contenían la expresión «Los primeros con Europa».

Además no han dejado de plantearse conflictos con campañas lanzadas en fechas próximas a las convocatorias electorales por los gobiernos salientes con el objetivo de resaltar su actuación y de esta manera influir en el electorado. Por ejemplo, en el año 1994 la Junta Electoral Central ordenó al Gobierno de la Comunidad autónoma andaluza que retirase de vallas e instrumentos publicitarios la campaña por él promovida bajo el lema «Lo hecho en Andalucía una garantía». Ese mismo año se ordenó a la Junta Electoral de dicha Comunidad la apertura de un expediente sancionador contra los responsables de la difusión por la Junta de Andalucía en distintos medios de comunicación y en la jornada de reflexión de anuncios de la campaña «Sólo en Andalucía: tanto en tan poco tiempo».

La ley electoral también regula cuestiones como la obligación de los Ayuntamientos de reservar lugares gratuitos para la colocación de carteles y pancartas, así como espacios públicos de uso gratuito para la celebración de actos de campaña electoral. El reparto de estos medios entre los candidatos se realiza atendiendo a unos criterios que son los dominantes en toda la normativa electoral y que privilegian a los partidos mayoritarios y que siguen condenando a los partidos menores a tener menos posibilidades de difusión de sus candidatos y mensajes. En concreto se establece que la Junta electoral de zona distribuirá los espacios para propaganda electoral atendiendo al número de votos que obtuvo cada partido en las anteriores elecciones en la misma circunscripción. Más matizada es la regla que rige la distribución de los locales y espacios públicos disponibles. En este caso el reparto se hace en función de las solicitudes y en el caso de que haya varias coincidentes se atiende al criterio de igualdad de oportunidades y, subsidiariamente, a las preferencias de los partidos con mayor número de votos en los comicios anteriores.

Estos mismos criterios se utilizan para repartir las subvenciones dirigidas a cubrir los gastos electorales, las cuales están reguladas por el Real Decreto 1907/1995, de 24 de noviembre. Es decir, el reparto se hace en función del número de votos y escaños obtenidos en la anterior elección. Además sólo los partidos, federaciones y coaliciones que hubiesen obtenido representación en dicho proceso podrán solicitar adelantos de dichas subvenciones. El criterio de los puestos representativos alcanzados también se utiliza como criterio para el pago de los gastos originados por el envío de sobres y papeletas electorales o de propaganda electoral. De esta manera se otorga una subvención mayor a los partidos que de hecho disponen de más recursos para desarrollar la campaña y se penaliza a las fuerzas menores.

Se establecen además una serie de prohibiciones que tratan de garantizar la independencia de las candidaturas y de evitar que se mezclen intereses públicos y privados. Así, quedan prohibidas las aportaciones de fondos provenientes de cualquier Administración o corporación pública, organismo autónomo o entidad paraestatal, de las empresas del sector público, de las de economía mixta o de las que presten algún servicio a alguna administración pública. Igualmente no están permitidos los fondos provenientes de entidades o personas extranjeras, así como las donaciones de personas físicas o jurídicas que superen los seis mil euros.

Finalmente debemos señalar que la Junta Electoral Central y las provinciales son las encargadas de velar por el cumplimiento de las normas sobre gastos y subvenciones electorales. Deben además informar al Tribunal de Cuentas de su actividad fiscalizadora. Este órgano es el encargado de pronunciarse sobre la regularidad de las contabilidades electorales. En el caso de que advierta indicios de delito lo comunicará al Ministerio Fiscal. Tras las elecciones, el Tribunal remitirá el resultado de su fiscalización mediante un informe razonado al Gobierno.

En cuanto a la utilización de los medios de comunicación, debemos distinguir en función de la titularidad de los mismos. El legislador ha prohibido la contratación de espacios de publicidad electoral en las televisiones privadas. También está prohibida esta contratación en las emisoras de televisión local. Con estas prohibiciones se pretende que todas las candidaturas tengan las mismas oportunidades de acceso a los medios de comunicación. Sí puede hacerse publicidad electoral en la prensa y en las emisoras de radio siempre que no se supere el 20 por ciento del límite de gasto previsto para las candidaturas en la ley electoral.

Los partidos, federaciones, coaliciones y agrupaciones que concurran a las elecciones no pueden contratar espacios de publicidad electoral en los medios públicos. Sí tienen derecho a espacios gratuitos de propaganda que se distribuyen atendiendo a los votos obtenidos en los comicios anteriores. Como he señalado, se trata de un criterio que beneficia a los partidos que, por su implantación y dimensiones, tienen más capacidad de acceder a cualquier medio y de desarrollar una más intensa campaña electoral. Este criterio que genera una desigualdad de oportunidades se refuerza con la previsión de que el derecho a los tiempos de emisión gratuita sólo corresponde a aquellas fuerzas políticas que hayan presentado candidaturas en más del 75 por ciento de las circunscripciones comprendidas en el ámbito de difusión o, en su caso, de programación del medio correspondiente. De esta manera es evidente que se refuerza el status quo electoral y se producen efectos discriminatorios respecto a los partidos más pequeños y sobre todo para aquellas formaciones que presenten candidaturas por primera vez.

La Junta Electoral Central es la autoridad competente para distribuir los espacios gratuitos que se emiten por los medios de comunicación públicos a propuesta de una Comisión de radio y televisión creada a tal efecto. En esta Comisión están representadas todas las fuerzas políticas que concurren a las elecciones convocadas y que cuenten con representación en el Congreso. De nuevo la ley introduce una previsión que beneficia a los partidos mayores: los miembros de dicha comisión votan ponderadamente de acuerdo con la composición del Congreso de los Diputados. Por lo tanto, pesa más el voto de los partidos con mayor representación parlamentaria.

La distribución de espacios gratuitos suele ser una de las cuestiones que generan más polémica en cualquier proceso electoral. Rara es la campaña en la que algún partido no presenta un recurso por la distribución de los tiempos gratuitos o, lo que es más habitual, por la falta de respeto del pluralismo y de la neutralidad informativa de los medios de comunicación públicos. Son frecuentes las polémicas generadas por la mayor o menor presencia de los representantes de las distintas fuerzas políticas en los espacios informativos de la televisión pública. Unos espacios en los que siempre resulta beneficiado el partido en el gobierno, ya que en muchos casos, es complicado distinguir las actividades de sus miembros, propias de sus responsabilidades habituales, de las que suponen actos de propaganda electoral.

También ha sido especialmente controvertida en los últimos procesos electorales la celebración de debates electorales televisados. La falta de regulación legislativa de los debates pone de manifiesto una paradoja que ha subrayado el sociólogo José Ignacio Wert: «La atención pública ha estado más polarizada por los componentes dialógicos que por los monológicos, mientras que la legislación dedica mucha más atención a los segundos que a los primeros, y sitúa a los debates en una posición de paralegalidad que ha obligado a intervenir a las Juntas Electorales frente a iniciativas de partidos que se consideraban excluidos».

Y es que la práctica de estos debates ha supuesto en muchos casos una clara vulneración del pluralismo político en la medida en que se han tendido a contar en ellos sólo con la participación de los candidatos de los dos grandes partidos: el que está en el poder y el candidato de la oposición. De esta manera se refuerza una vez más la posición de las grandes fuerzas y se fomenta el carácter «presidencialista» de la contienda electoral.

Hay que tener en cuenta que estos debates generan a su vez una serie de reacciones posteriores, tales como las valoraciones de los líderes realizadas a través de encuestas o sondeos (quién ganó y quién perdió el debate), de manera que acaban en muchos casos condicionando la campaña y provocando reacciones de los candidatos para readaptar sus estrategias.

En relación con los debates televisivos, la Junta Electoral Central ha reiterado que en ellos ha de garantizarse la neutralidad, la igualdad de oportunidades, la equidad y la proporcionalidad. Por tanto, no debe limitarse el derecho de acceso a los mismos de las candidaturas que cuenten con representación parlamentaria y que deseen participar en ellos. La ordenación en su caso de uno o varios debates plurales o bilaterales es cuestión que debe quedar al criterio de la Dirección del Ente Público RTVE, sin detrimento del derecho de previa audiencia y de participación de las candidaturas con representación parlamentaria. Aunque no existe una regulación concreta, es posible la celebración de debates en las televisiones privadas siempre que en ellos se respete el pluralismo y la igualdad, tal y como de manera general proclama el artículo único, apartado 2, de la LO

2/1988, de 3 de enero, reguladora de la publicidad electoral en emisoras de televisión privada.

La Junta Electoral Central también ha llegado a pronunciarse sobre las entrevistas con líderes políticos en medios públicos de comunicación. En las entrevistas que se hayan programado por acuerdo del Consejo de Administración de RTVE con determinadas entidades políticas, tienen derecho a intervenir representantes de cada una de las fuerzas políticas concurrentes a las elecciones que tengan representación parlamentaria. Todas las entrevistas deben grabarse simultáneamente o adoptando el mecanismo necesario para que cada uno de los líderes políticos, al grabar su entrevista, no tenga conocimiento de las entrevistas de los demás.

También regula la ley electoral el régimen de las encuestas que se celebren durante la campaña electoral (artículo 69). No cabe duda de que los sondeos y las encuestas se han convertido en una herramienta esencial en el juego de las fuerzas políticas no sólo durante la campaña electoral sino de forma permanente. Son constantes los sondeos de valoración de líderes, de políticas concretas o de estimación de voto. Y es que las encuestas se han convertido, como afirma Daniel Innerarity, en «un rito que viene a sustituir a los viejos oráculos o al conocimiento de la voluntad de Dios en la determinación estadística de la voluntad popular».

Los sondeos y encuestas, además de reflejar tendencias del electorado, determinan las mismas estrategias que los partidos adoptan, mucho más cuando los resultados se difunden en plena campaña. Estos obligan en muchas ocasiones a los candidatos a readaptar sus mensajes o la intensidad de su presencia en los medios. Ello al margen de los datos que arrojan las encuestas que los partidos suelen encargar para su exclusiva utilización interna y que constituyen un instrumento clave en la planificación de la campaña.

Es la Junta Electoral Central la encargada de vigilar que los datos e informaciones de los sondeos no contengan falsificaciones, ocultaciones o modificaciones deliberadas, así como de que se ajusten a los requisitos formales que establece la ley. Las resoluciones de la Junta Electoral Central son recurribles ante la jurisdicción contencioso-administrativa.

Del régimen jurídico de las encuestas cabe destacar dos extremos. El primero es la obligación de poner en conocimiento de las entidades políticas concurrentes a las elecciones las encuestas que realice algún organismo dependiente de las administraciones públicas. Con ello se pretende que todos los partidos dispongan de los mismos datos y tengan la oportunidad, si lo consideran oportuno, de modificar sus estrategias.

El segundo es la prohibición de que durante los cinco días anteriores a la votación se publiquen y difundan sondeos electorales por cualquier medio de comunicación. Se trata con ello de garantizar que en el tramo final de la campaña los electores no sean condicionados por los resultados de encuestas. Esta prohibición ha sido objeto de numerosas críticas ya que supone hurtar al elector de unos datos que pueden ser decisivos, y legítimos, orientadores de su voto. No tiene mucho sentido que mientras que las distintas fuerzas políticas siguen intentando captar el voto de los electores por todos los medios que la ley electoral les permite, se prohíba difundir datos que pueden constituir un elemento más en la compleja suma de factores que determinan finalmente la opción electoral de cualquier ciudadano. En todo caso, y como comentaba con anterioridad, será cada vez más difícil controlar la difusión de estos datos a través de la Red.

Nuestra ley electoral no contiene ninguna regla sobre los sondeos realizados a la salida de los colegios electorales. Esta laguna ha sido cubierta por la labor interpretativa de la Junta Electoral Central, la cual ha determinado que no es legalmente posible preguntar a los electores sobre el sentido del voto dentro de los colegios electores y en sus inmediaciones, entendiéndose por tales los espacios físicos donde se encuentren personas para ejercer el derecho de sufragio. Los resultados del sondeo no podrán hacerse públicos hasta las 20 horas del día de la votación, es decir, una vez cerrados los colegios electorales. Ésta sería sin duda una de las cuestiones que nuestro legislador debería regular de manera específica.

6.4. La votación y el escrutinio

6.4.1. El voto por personación y por correspondencia

La votación puede realizarse de dos maneras: por personación en la correspondiente mesa electoral o por correspondencia. En el primer caso, el legislador se limita a regular las condiciones en que ha de desarrollarse la jornada electoral y la resolución de los posibles problemas que pueden plantearse en las mesas electorales, tales como los relacionados con la identificación de algún elector o con su ausencia en la lista del censo.

Como todos ya sabemos por nuestra propia experiencia, en la tarjeta censal que se remite a nuestro domicilio días antes de la jornada electoral consta la sección y la mesa en la que hemos de llevar a cabo el ejercicio de nuestro derecho al voto. En el momento de votar hemos de acreditar nuestro derecho a través del documento nacional de identidad, pasaporte o permiso de conducir en que aparezca la fotografía del titular, además de que la mesa compruebe que aparecemos en las listas del censo.

Una de las principales garantías del ejercicio del derecho al voto es su carácter secreto (artículo 86.1 LOREG), tal y como se dispone la Constitución al referirse a la elección de diputados y senadores (artículos 68 y 69), así como a la de concejales de los Ayuntamientos (artículo 140). De acuerdo con esta exigencia, el RD 1732/85, de 24 de septiembre, que regula las condiciones de los locales y las características oficiales de los elementos materiales a utilizar en los procesos electores, prevé la existencia de cabinas para garantizar ese carácter secreto.

Una cuestión que se ha debatido con frecuencia por la doctrina es el enorme gasto que supone la impresión de papeletas de todas las candidaturas, dado el elevado número de éstas que se suelen presentar. De ahí que desde hace tiempo se venga proponiendo la creación de una papeleta única, que contenga todas las candidaturas y en la que el elector deba marcar su opción electoral. La papeleta única supondría la eliminación del llamado *mailing* electoral, es decir, del envío a domicilio de las papeletas de los diferentes partidos que concurren en las elecciones. Además, obligaría a todos los electores a pasar por las cabinas y agilizaría el funcionamiento de las mesas electorales.

Nuestra ley electoral también prevé, a diferencia de lo que sucede en otros países próximos, el voto por correspondencia, lo cual supone una evidente garantía de ejercicio del derecho de sufragio para todos los nacionales que viven fuera de España o que circunstancialmente en el momento de celebración de unas concretas elecciones no se hallen en el lugar donde están censados.

El procedimiento para votar por correo se inicia con una solicitud a la Delegación Provincial de la Oficina del Censo de un certificado de inscripción en el censo. Una vez comprobada por éste la inscripción, la Oficina del Censo electoral remite al elector a su domicilio las papeletas y sobres electorales, junto con el certificado mencionado y un sobre con la dirección de la mesa en la que debe votar. Este sobre, con el certificado y el sobre de votación con la papeleta elegida, se enviará por correo certificado antes del tercer día previo al de la celebración de las elecciones.

El servicio de Correos no remite estos sobres a las mesas electorales hasta las nueve horas del día de la votación. Asimismo, sigue dando traslado a la que pueda recibirse en dicho día hasta el límite temporal de las 20 horas. Llegada esta hora, que es la de cierre de los colegios electorales, el presidente de cada mesa anuncia en voz alta que se va a concluir la votación. Si hay algún elector en el local o en el acceso que no haya votado, se le permitirá hacerlo. Acto seguido, se introducen en las urnas los sobres que contengan las papeletas de voto remitidas por correo.

6.4.2. Un experimento: el voto electrónico

Una alternativa sobre la que se lleva trabajando mucho tiempo es la posibilidad de utilizar medios electrónicos para la votación, lo cual supondría un indudable ahorro tanto de medios como de tiempo. De momento sólo se han realizado experiencias aisladas y sin carácter vinculante. Tal y como ha señalado la Junta Electoral Central, en estas experiencias el elector ha usado el voto electrónico voluntariamente, siempre a continuación de depositar la papeleta y teniendo en cuenta que sólo tiene el carácter de prueba para estudiar su hipotética implantación en el futuro.

En las elecciones generales de 2004 se realizaron cuatro experiencias. Una de ellas fue en el municipio granadino de Jun. Sus habitantes pudieron votar a través de Internet o del teléfono móvil utilizando una tarjeta electrónica y una clave que les permitía emitir su voto sin tener que desplazarse a los colegios electorales. Otras pruebas experimentales se realizaron en Zamora, Toro (Zamora) y Pol (Lugo). Con anterioridad, en noviembre de 2003, se habían celebrado cinco experiencias en las elecciones al Parlamento catalán. En una de ellas se utilizó el voto electrónico para los catalanes residentes en Argentina, Bélgica, Estados Unidos, México y Chile. Ya en el año 1995 se habían realizado algunas experiencias en dos colegios electorales de Cataluña y en 1999 se realizó una prueba de voto a través de la Red en Tarragona. También en Valencia y en Galicia se han realizado algunas experiencias

De momento la única legislación que contempla esta posibilidad es la ley electoral del País Vasco a partir de la reforma realizada por la Ley 15/98, de 19 de junio. En esta ley se regula un procedimiento que nos puede servir de ejemplo de lo que supondría utilizar el voto electrónico. En primer lugar la ley prevé que los electores se acerquen uno por uno a la mesa electoral que les corresponda, donde uno de los vocales de la mesa les entrega una tarjeta con banda magnética de votación validada. A continuación, el elector deberá entrar en la cabina electoral e introducir en la pantalla de votar la tarjeta con banda magnética de votación, para efectuar la selección de la opción deseada. A estos efectos, figurarán las denominaciones, siglas y símbolos de las candidaturas en la circunscripción electoral correspondiente, colocadas por filas de izquierda a derecha según el orden de proclamación de las mismas, así como la opción de voto en blanco y de voto nulo en últimos lugares. Inmediatamente realizada la selección, la pantalla de votar mostrará, en su caso, la candidatura escogida con sus candidatos proclamados y el elector deberá confirmar su opción elegida.

Caso de no desear confirmarla, el elector tendrá la posibilidad de realizar una nueva selección. Una vez confirmada su elección, la opción elegida de voto se grabará en la tarjeta con banda magnética, quedando ésta liberada de la pantalla de votar para ser recogida por el elector. Seguidamente, el elector deberá dirigirse a la urna electrónica manifestando al presidente de la mesa su nombre y apellidos. Los vocales y los interventores podrán examinar el ejemplar certificado de la lista del censo o las certificaciones censales aportadas, comprobando si figura el nombre del votante y su identidad, que se justificará mediante la exhibición del DNI. Acto seguido, el elector, por su propia mano, entregará la tarjeta con banda magnética de votación al presidente de la mesa, quién a la vista del público dirá «*botoa ematen du*», o bien «vota» e introducirá la tarjeta con banda magnética en la urna electrónica, donde permanecerá tras el registro de la información que lleva en el *software* electoral en soporte magnético. La secuencia de estos registros se determina por un procedimiento aleatorio. Depositada la tarjeta con banda magnética en la urna, los vocales anotarán en la lista certificada del censo electoral de la mesa la circunstancia de haber votado.

Al margen de las experiencias apuntadas que de momento han sido minoritarias, no parece que la implantación general del voto electrónico se halle entre las prioridades de las fuerzas políticas. Para ello sería necesaria una reforma de la ley electoral y, por tanto, un acuerdo mayoritario de los partidos. De momento, el único paso que se dio en la anterior legislatura fue la creación en el Senado de una ponencia para el estudio de este tema. Esta ponencia no llegó a emitir un informe debido a la disolución de las cámaras. En todo caso, lo prioritario en la regulación del voto electrónico sería la adopción de un sistema que ofreciera las suficientes garantías para el correcto ejercicio del derecho de sufragio y que protegiera derechos como la privacidad del mismo y evitara la manipulación o la duplicación de votos.

Los problemas de seguridad y el cambio que supondría, incluso desde el punto de vista simbólico, en el ejercicio del derecho de sufragio invitan a plantearse con cautela estas experiencias.

Indudablemente tendrían ventajas como la flexibilización del voto —se podría votar desde cualquier lugar con conexión a la red—, la reducción de costes o la inmediatez en conocer los resultados o incluso el fomento de una mayor participación electoral.

Considero que más prioritario que la introducción del voto electrónico sería investigar y apurar al máximo todas las oportunidades que las nuevas tecnologías ofrecen no tanto para cambiar la modalidad del voto sino para permitir una mayor participación de los ciudadanos en los asuntos públicos. La Red permite articular unos canales de comunicación más directos entre la ciudadanía y los poderes públicos. Los gobiernos y los parlamentos podrían utilizar esta vía para realizar consultas populares y para implicar a los ciudadanos en mayor medida en los procedimientos legislativos y, en general, en todos los procesos de toma de decisiones. Igualmente los partidos deberían aprovechar las posibilidades tecnológicas para abrirse más a la sociedad y para incorporar las demandas e intereses de la ciudadanía. Una experiencia que algunas fuerzas políticas, al igual que algunos diputados, ya han puesto en marcha por ejemplo a través de la apertura de buzones en los que recogen las sugerencias de los electores.

6.4.3. El escrutinio.

Terminada la votación, comienza el escrutinio, el cual es público. En el caso de que concurran varias elecciones se sigue el siguiente orden en el recuento de votos (artículo 95.3 LOREG): elecciones al Parlamento europeo, elecciones del Congreso, del Senado, locales y de asambleas legislativas de las comunidades autónomas.

Le ley regula con detalle en qué casos los votos serán considerados nulos (artículo 96 LOREG). En concreto se estiman como tales y no se contabilizan los emitidos en sobre o papeleta diferente del modelo oficial, así como los emitidos en papeleta sin sobre o en sobre que contenga más de una papeleta de distinta candidatura. En el supuesto de contener más de una papeleta de la misma candidatura, se computará como un solo voto válido.

En las elecciones en que el voto se expresa a través de listas cerradas y bloqueadas —Congreso, Parlamento europeo, Ayuntamientos y cabildos insulares—, serán nulos los votos emitidos en papeletas en las que se hubiera modificado, añadido, señalado o tachado nombres de los candidatos comprendidos en ella o alterado su orden de colocación, así como aquéllas en las que se hubiera producido cualquier otro tipo de alteración. Hay que tener en cuenta que las listas cerradas y bloqueadas suponen la imposibilidad de que el elector manifieste algún tipo de preferencia entre los candidatos presentados, ya que su voto se hace a favor de la lista tal y como la presenta el correspondiente partido.

En el caso de las elecciones al Senado, en las que como veremos las listas son abiertas y el elector sí que puede manifestar sus preferencias, serán nulos los votos emitidos en papeletas en las que se hubieran señalado más de tres nombres en las circunscripciones provinciales, de dos en las insulares de Gran Canaria, Mallorca y Tenerife y en las poblaciones de Ceuta y Melilla, y de uno en el resto de las circunscripciones insulares.

Junto a estos supuestos, la doctrina de la Junta Electoral Central ha ido delimitando otros que también determinan la nulidad del voto. Así se considera nulo el introducido erróneamente en una papeleta correspondiente a la candidatura de diputados en el sobre destinado a la candidatura de senadores, el emitido en papeleta sin sobre o en papeleta rota o cortada o el emitido por correo ordinario y no por correo certificado.

Distintos son los votos en blanco ya que estos sí que se contabilizan y se reflejan en el escrutinio de cualquier proceso electoral. Será considerado como tal aquel emitido en sobre que no contenga ninguna papeleta o, en el caso del Senado, las papeletas que no contengan indicación a favor de ninguno de los candidatos. A diferencia de la abstención, el voto en blanco supone la expresión de una voluntad consciente por parte del elector que acude a las urnas pero no manifiesta preferencia por ninguna candidatura. Aunque las interpretaciones políticas del voto en blanco pueden ser muy diversas, y siempre corren el riesgo de ser sólo aproximaciones a la motivación del electorado, en general podemos afirmar que el elector expresa con él un cierto descontento con las opciones políticas y una falta de identificación con los proyectos y candidatos presentados por los distintos partidos.

Terminado el escrutinio, y recogidos los datos en una acta mediante la que se harán públicos, la mesa prepara la documentación electoral que ha de distribuirse en tres sobres. El primer y segundo sobre son entregados por el presidente de la mesa en la sede del Juzgado de Primera Instancia o de Paz, dentro de cuya demarcación está situada la mesa. El juez llevará personalmente uno de los sobres a la sede de la Junta electoral que deba realizar el escrutinio. El tercer sobre es entregado al funcionario del servicio de Correos que, al día siguiente, lo cursará también a la Junta electoral encargada del escrutinio. Este complejo procedimiento trata de garantizar la seguridad de la documentación electoral y que, ante cualquier incidente, siempre quepa recurrir a alguna copia de la misma. Como señaló el Tribunal Constitucional en su sentencia 79/1989, de 3 de mayo, la finalidad de los segundos sobres es su eventual aprovechamiento para futuros investigadores. Además han de servir para permitir subsanar en su momento posibles irregularidades ocurridas en la restante documentación electoral.

La información provisional sobre los resultados electorales no debe publicarse antes de las 21.00 horas, hora peninsular, dada la diferencia horaria con Canarias en las que el cierre de los colegios se produce a dicha hora. El Gobierno, a partir de la hora oficial de cierre de los colegios electorales, ha de facilitar la información de que disponga de los resultados oficialmente escrutados en las mesas electorales a medida que los vaya recibiendo. Ahora bien, el Gobierno tiene libertad para decidir el momento, la forma y el lugar que considere más oportunos para comparecer. No cabe duda de que el uso de las nuevas tecnologías ha reducido enormemente el procedimiento de escrutinio y, por tanto, en los últimos procesos electorales todos hemos comprobado cómo los datos provisionales se han ido haciendo públicos poco tiempo después de cerrar los colegios. Esas tecnologías también permiten la amplia difusión de los mismos y el igual acceso a ellos de todas las fuerzas políticas y, en general, de toda la ciudadanía.

El escrutinio general se lleva a cabo al tercer día siguiente a la votación, en un acto único y también de carácter público. La Junta electoral competente se limita a verificar el recuento y la suma de votos de las distintas mesas. Sólo podrá subsanar los errores materiales o de hecho y los aritméticos. El escrutinio no debe concluir más tarde del sexto día posterior a las elecciones.

Los representantes y apoderados de las candidaturas disponen del plazo de un día para presentar reclamaciones y protestas que sólo podrán referirse a incidencias recogidas en las actas de sesión de las mesas o en el acta de la sesión de escrutinio de la Junta electoral. La Junta resolverá en el plazo de un día. Contra dicha resolución, los representantes y apoderados podrán recurrir ante la propia Junta electoral también en el plazo de un día. Este recurso será resuelto por la Junta Electoral Central en un plazo no superior a dos días.

Transcurridos estos plazos sin que se hayan producido reclamaciones, o una vez resueltas las mismas, las Juntas electorales competentes procederán a la proclamación de electos. Estos acuerdos pueden ser objeto del denominado recurso contencioso electoral que regula la Ley Orgánica de Régimen electoral general en sus artículos 109 y siguientes. Están legitimados para la interposición de este recurso los candidatos, hayan sido proclamados o no; los representantes de las candidaturas así como los partidos, asociaciones, federaciones y coaliciones que hayan presentado listas en la circunscripción. Los órganos jurisdiccionales competentes para resolver estos recursos son la sala de lo contencioso-administrativo del Tribunal Supremo, en el caso de elecciones generales o europeas, y la de los Tribunales Superiores de Justicia, en las autonómicas y locales.

El plazo para la presentación del recurso es de tres días. Su tramitación tiene el carácter de urgente y de preferencia absoluta, dada la necesidad de aclarar cuanto antes los resultados electorales. La sentencia debe notificarse a los interesados no más tarde del día trigésimo séptimo posterior a las elecciones. El contenido de la sentencia ha de ser alguno de los que sistematiza el artículo 113 LOREG: inadmisibilidad del recurso; validez de la elección y de la proclamación de electos, con expresión, en su caso, de la lista más votada; nulidad de acuerdo de proclamación de uno o varios electos y proclamación como tal de aquél o aquéllos a quienes corresponda; o bien nulidad de la elección celebrada en aquella o aquellas mesas que resulten afectadas por irregularidades invalidantes. En este caso la sentencia determinará la necesidad de efectuar nueva convocatoria de elecciones, que podrá limitarse al acto de votación, o de proceder a una nueva elección cuando se trate del presidente de una corporación local. El plazo para realizar estas nuevas elecciones es de tres meses. No obstante, la invalidez de la votación en una o varias mesas o en una o varias secciones no comportará nueva convocatoria electoral en las mismas cuando su resultado no altere la atribución de escaños en la circunscripción.

Contra dicha sentencia cabe plantear en el plazo de tres días un recurso de amparo ante el Tribunal Constitucional, el cual debe resolver en los quince días siguientes. Este recurso se justifica porque están en juego derechos fundamentales, no porque el Tribunal Constitucional tenga atribuidas competencias específicas en materia electoral. El control del Constitucional debe limitarse a los vicios procedimentales que hayan podido incidir en los resultados de la elección y que hayan podido afectar a la integridad del derecho fundamental de sufragio. Como dejó claro en su sentencia 24/90, de 15 de febrero, el Tribunal Constitucional «debe cuidar que el recurso de amparo no se convierta ni en una instancia de apelación ni en una instancia de simple unificación de la doctrina eventualmente contradictoria de los tribunales, para lo cual carece de jurisdicción». Sin embargo, en la práctica, el Tribunal Constitucional sí que ha extendido su actuación a cuestiones de legalidad ordinaria y ha acabado por convertirse en una especie de «juez supremo electoral».

CAPÍTULO 7

EL SISTEMA DE ELECCIÓN DEL CONGRESO DE LOS DIPUTADOS

7.1. Los efectos desproporcionales de la fórmula electoral

Los expertos en procesos electorales suelen dividirlos en dos grupos en función del relieve que los ciudadanos les conceden. Así se distingue entre «elecciones de primer orden» y «de segundo orden». Aunque la distinción entre unas y otras no es pacífica, lo habitual es que entre las primeras se sitúen aquellas que los electores consideran más decisivas y que por tanto suelen provocar una mayor participación. Sería el caso de las elecciones generales. Las de segundo orden son aquéllas que no provocan el mismo interés y que normalmente presentan unos niveles de abstención más elevados. El mejor ejemplo de éstas sería el de las elecciones al Parlamento europeo.

No cabe duda de que en nuestro sistema político el proceso de mayor relieve para los ciudadanos y el que condiciona de manera determinante la vida política es la elección del Congreso de los Diputados. Aunque nuestro sistema sea parlamentario, estas elecciones han acabado por convertirse prácticamente en presidenciales en la medida en que la mayoría parlamentaria determina el presidente del Gobierno y es este objetivo el que guía principalmente el voto de los electores. Cuando votamos una lista cerrada y bloqueada de candidatos que nos presenta un partido nos guiamos por las siglas que la respaldan y muy especialmente por el candidato a la presidencia del Gobierno que presenta dicho grupo. Un candidato que suele encabezar la lista de la circunscripción de Madrid. En este sentido, basta con recordar el eslogan del PSOE en las pasadas generales que ya he comentado.

Los elementos esenciales del sistema de elección de los diputados y senadores están previstos en el mismo texto constitucional. Como ya he señalado, el constituyente pretendía dejar muy bien atado este factor clave para la consolidación de una democracia de partidos. Debemos recordar que el informe de la ponencia constitucional no incluía ninguna mención al sistema electoral, siguiendo el criterio de la derecha de que esta materia fuera regulada por ley. Los partidos de derechas habían mostrado además sus preferencias por un sistema mayoritario. Por el contrario, los partidos de izquierdas y los nacionalistas eran partidarios de que dichas normas se incluyeran en la Constitución para evitar que la derecha pudiera introducir por ley una fórmula mayoritaria. Finalmente la UCD cambió de opinión y aceptó dicho criterio, además de la opción por un sistema que integrara mejor el pluralismo político. El sistema resultante es otro ejemplo de los muchos acuerdos a que llevó el «consenso» que presidió el proceso constituyente de 1978.

El constituyente optó finalmente por criterios de representación proporcional para la elección de los miembros del Congreso de los Diputados (artículo 68.3). Es decir, por un sistema en el que se atribuya a cada partido un número de mandatos proporcional a su fuerza numérica. O dicho de otra manera, por un sistema en el que los partidos tienen derecho a escaños parlamentarios de acuerdo con el porcentaje de votos que hayan obtenido.

Los sistemas proporcionales, que surgen cuando la democratización extiende el sufragio y se intensifica el pluralismo político, permiten una mayor justicia en la representación de las diversas opciones políticas, si bien tiene como contrapartida que provoca una mayor fragmentación del Parlamento y, por tanto, una mayor dificultad para configurar mayorías estables. Las fórmulas proporcionales persiguen que el Parlamento sea una fotografía de las diversas opciones políticas presentes en la sociedad. Un mapa, utilizando la metáfora de Mirabeau, que reproduzca a escala el pluralismo político. Ahora bien, debemos tener en cuenta que ningún Parlamento puede operar como una foto a escala del electorado. Como bien ha explicado Douglas Rae, cuando hay que tomar decisiones es necesario recortar esa foto y determinados puntos de vista finalmente prevalecen sobre otros.

En general los sistemas proporcionales, y utilizando la terminología propia de la teoría electoral, favorecen la «representatividad» a costa de la «gobernabilidad». Estos sistemas se proyectan pues en un sistema de partidos que resulta mucho más plural y diverso que en un sistema mayoritario. De ahí que propicien una dinámica política basada en la transacción. Esta dinámica provoca además que los gobiernos que se apoyan en una pluralidad de fuerzas políticas se sientan más legitimados socialmente y por ello sus políticas tiendan a ser de más largo recorrido y no estén tan condicionadas por el corto plazo electoral.

Los sistemas mayoritarios, que se rigen por la regla simple de que resulta elegido el candidato más votado, impiden la representación de las opciones políticas minoritarias. Normalmente generan sistemas bipartidistas, o de dos grandes coaliciones, que concentran la representación. De esta manera, la estabilidad de los gobiernos es mayor, si bien la «representatividad» del Parlamento resulta menor. En este caso, la dinámica que se genera es una dinámica «antagónica» o de adversarios, polarizada en torno a dos grandes opciones políticas.

Los sistemas mayoritarios pueden ser puros o simples —es elegido el candidato con mayor número de votos, cualquiera que sea el total de votos obtenidos por sus adversarios— o a dos vueltas. El ejemplo más representativo de sistema mayoritario a una vuelta es el británico. En los mayoritarios a dos vueltas, que es el que por ejemplo se utiliza en Francia, es necesario obtener mayoría absoluta para ser elegido en la primera vuelta. Si no se obtiene, basta con alcanzar mayoría simple en una segunda votación. Esta modalidad favorece la formación de coaliciones electorales con el objetivo de que las fuerzas políticas se reagrupen para conseguir un mayor número de votos en la segunda vuelta. De esta forma el voto que se deposita en esta segunda vuelta resulta también un voto de apoyo o rechazo de las coaliciones realizadas entre las fuerzas políticas.

Los sistemas mayoritarios suelen basarse en distritos o circunscripciones uninominales —es decir, en las que se elige un solo diputado—, lo cual favorece las relaciones más directas entre cada representante y sus electores. Por ejemplo, los distritos uninominales favorecen la creación de oficinas del diputado en el territorio en el que ha resultado elegido. Los proporcionales, por el contrario, se basan en distritos plurinominales —las candidaturas se presentan mediante listas que incluyen diversos nombres—, los cuales favorecen una mayor distancia entre elegidos y electores. Estos sistemas determinan una posición privilegiada de los partidos que presentan las listas y que se convierten en auténticos intermediarios entre el elector y sus representantes.

Esta distinción, tan clara en el plano teórico, no lo es tanto en la práctica ya que lo normal es que los sistemas mezclen elementos de una y otra fórmula. Como bien ha señalado Dieter Nohlen, realmente las reglas electorales se sitúan en un *continuum* que se mueve entre dos polos: la elección proporcional pura y la elección mayoritaria. De ahí que por ejemplo nos encontramos sistemas como el alemán, cuya definición legal mezcla elementos mayoritarios y proporcionales, o bien otros como el nuestro en el que los resultados prácticos difieren de los previstos en su configuración constitucional y legal.

De hecho, y como bien ha explicado Antonio Porras Nadales, en los regímenes parlamentarios europeos se han ido mezclando las dos concepciones alternativas de la representación. De una parte, la de tipo pluralista y proporcional, asentada sobre partidos que presentan ofertas ideológicas y que se apoya en un sistema de listas cerradas y bloqueadas. De otra, la de tipo mayoritario, basada en candidaturas personales que presentan ofertas escasamente ideológicas y que se suelen apoyar en listas abiertas. Mientras que la primera concepción ha dado lugar a lo que se ha llamado «parlamentarismo racionalizado», la segunda se proyectaría en fórmulas presidencialistas.

Esta fusión de sistemas está presente en nuestro régimen electoral. Aunque la Constitución ordene que la elección de diputados se haga por una fórmula proporcional, los diversos elementos introducidos por el mismo texto constitucional y por la ley electoral provocan que de hecho los resultados del sistema se hallen más cercanos a los de uno mayoritario. En concreto, y como se ha puesto de relieve en distintos estudios sobre la materia, el índice de desproporcionalidad del sistema electoral español se situaba entre los más altos de los países que usan fórmulas distributivas e incluso por encima de países con fórmulas mayoritarias. Varios factores contribuyen a producir estos efectos.

En primer lugar la misma fórmula elegida por el legislador por transformar los votos en escaño. La conocida como «ley D'Hondt», que debe su nombre al profesor de la Universidad de Gante que la inventó a finales del XIX a petición del ministro de Justicia belga, es, de entre las fórmulas que se ajustan a criterios de proporcionalidad, la que produce efectos menos proporcionales ya que tiende a beneficiar a los partidos mayores.

Estos efectos están además condicionados desde el momento en que el legislador electoral ha establecido una «barrera electoral» del 3 por ciento. Es decir, no se tienen en cuenta en el reparto de escaños las candidaturas que no hubieran obtenido al menos un 3 por ciento de los votos válidos emitidos en cada circunscripción. Esta barrera supone ya una primera exclusión de los partidos más pequeños, aunque en la práctica la misma no se aplica ya que otros elementos del sistema electoral provocan que la barrera efectiva se sitúe muy por encima del 3 por ciento. De hecho, el porcentaje de votos necesario para obtener representación ronda el 10 por ciento. La barrera legal sólo tiene posibilidades de actuar en las dos mayores circunscripciones que son Madrid y Barcelona.

La imposición de esta barrera ha sido muy criticada por algunos sectores que consideran que la misma supone una vulneración de la igualdad del derecho de sufragio ya que determina que un gran número de votos no sea tenido en cuenta y que se sobredimensionen los votos a partidos que han obtenido escaños. El Tribunal Constitucional ha justificado su oportunidad al considerar que con ella se pretende que «la proporcionalidad electoral sea compatible con el resultado de que la representación de los electores en esa cámara no sea en exceso fragmentaria» (sentencia 75/1985, de 21 de junio). En esta sentencia, el Constitucional reconoce que «la proporcionalidad es más bien una orientación o criterio tendencial, porque siempre, mediante su puesta en práctica, quedará modulada o corregida por múltiples factores del sistema electoral». Una corrección o modulación necesaria porque cualquier sistema electoral ha de tener en cuenta, además de la igualdad de todas las opciones políticas o la representatividad, otros bienes como la gobernabilidad del país.

El reparto de escaños en cada circunscripción se lleva a cabo a través de una serie de operaciones que explica detalladamente la ley electoral en su artículo 163:

1.º Se ordenan en una columna, de mayor a menor, las cifras de votos obtenidas por las diversas candidaturas.

2.º Se divide el número total de votos obtenidos por uno, por dos, por tres..., hasta llegar a un número igual del de escaños correspondientes a la circunscripción.

3.º Los escaños se atribuyen a las candidaturas que hayan obtenido los cocientes mayores, atendiendo a un orden decreciente.

4.º En caso de empate, se atribuye el escaño a la candidatura que hubiera obtenido el mayor número de votos. Si hay dos candidaturas con igual número de votos, el primer empate se resuelve por sorteo y los sucesivos otorgando los escaños de forma alternativa.

5.º Los escaños se atribuyen a los candidatos siguiendo el orden de colocación de las listas.

6.ª Estas reglas tienen una excepción en Ceuta y Melilla ya que en ellas se elige un solo diputado que será el que más votos haya obtenido.

El siguiente ejemplo, que es el mismo que utiliza la ley electoral, nos puede servir para explicar con mayor claridad el proceso. Imaginemos una circunscripción en la que se eligen ocho diputados, en la que se han emitido un total de 480.000 votos válidos y se han presentado seis candidaturas: la lista A ha obtenido 168.000 votos, la B 104.000, la C 72.000, la D 64.000, la E 40.000 y la F 32.000. Habría que ordenar esas candidaturas de acuerdo con los votos obtenidos por cada una de ellas y proceder a las divisiones por uno, por dos..., hasta llegar a ocho que es el total de diputados a elegir.

	1	2	3	4	5	6	7	8
A	**168.000**	**84.000**	**56.000**	**42.000**	33.600	28.000	24.000	21.000
B	**104.000**	**52.000**	34.666	26.000	20.800	17.333	14.857	13.000
C	**72.000**	36.000	24.000	18.000	14.400	12.000	10.285	9.000
D	**64.000**	32.000	21.333	16.000	12.800	10.666	9.142	8.000
E	40.000	20.000	13.333	10.000	8.000	6.666	5.174	5.000
F	32.000	16.000	10.666	8.000	6.400	5.333	4.571	4.000

Hechas las divisiones señalamos las ocho mayores cantidades que resultan de ellas. De esta manera nos quedamos con cuatro cantidades correspondientes a la lista A, dos de la B y una tanto de la C como de la D. Esos son los escaños correspondientes a cada una de esas candidaturas. Comprobamos cómo la primera lista resulta especialmente beneficiada por esta regla y cómo las candidaturas «menores» no obtienen representación. Además constatamos que no es necesario agotar todas las divisiones porque con la división por cuatro ya hemos obtenido las ocho mayores cantidades. Estos efectos provocan a su vez otra consecuencia que refuerza el carácter mayoritario del sistema. Desde el punto «psicológico», un elevado número de electores es condicionado por los resultados que genera el sistema. De ahí que tiendan a apoyar con su voto a aquellas candidaturas con más posibilidades de obtener escaños.

Se han hecho varias propuestas de modificación de esta fórmula. El sistema que permitiría alcanzar unos efectos más proporcionales sería el conocido como «de resto mayor». Siguiendo con los datos del ejemplo propuesto para la explicación de la Ley D'Hondt, tendríamos que partir de la obtención del llamado cociente electoral. Éste resulta de dividir el número de votos válidamente emitidos por el número de escaños a cubrir. Por tanto, en el ejemplo que estamos manejando tendremos que dividir los 480.000 votos válidos emitidos en la circunscripción por los ocho escaños a cubrir, lo que nos da un total de 60.000.

A continuación, se procede a la asignación de escaños, la cual resulta de dividir los votos de cada candidatura por el cociente electoral (en este caso, 60.000). Al mismo tiempo se obtienen los «restos» de cada una de las listas después de dicha asignación.

Lista A	168.000:60.000 = 2	Un resto de 48.000
Lista B	104.000:60.000 = 1	Un resto de 44.000
Lista C	72.000:60.000 = 1	Un resto de 12.000
Lista D	64.000: 60.000 = 1	Un resto de 4.000
Lista E	40.000: 60.000 = 0	Un resto de 40.000
Lista F	32.000: 60.000 = 0	Un resto de 32.000

Una vez hechas estas operaciones, se asignan los tres escaños no asignados por cociente electoral a las tres listas con restos mayores, que en este caso son las listas A, B y E. El resultado final sería que la lista A tendría tres escaños; la B tendría dos; y las listas C, D y E un escaño cada una de ellas. Vemos, pues, como el reparto es más proporcional utilizando esta fórmula que con la regla D'Hondt.

También se ha propuesto aplicar este sistema de resto mayor con doble nivel de circunscripción, utilizando en segunda instancia la Comunidad autónoma para la agregación de restos y reparto de escaños no atribuidos a nivel provincial. Esta fórmula posibilitaría mayores posibilidades de relación entre electores y representantes en el nivel provincial y una mayor proporcionalidad en la atribución de escaños en el segundo nivel. De esa manera, se reducirían los efectos negativos de la ley D'Hondt en los partidos medios. La mayor dificultad que plantea esta alternativa es el establecimiento de una doble circunscripción, lo cual obligaría a una reforma constitucional.

Otras propuestas han planteado la adopción de un sistema similar al alemán, en el que se combinan el voto plurinominal con el uninominal. En este sistema el elector dispone de dos papeletas: en la primera elige un candidato mediante mayoría relativa y en la segunda vota a una lista cerrada y bloqueada de un partido en el nivel federal mediante una fórmula proporcional. Por ejemplo, Antonio Torres del Moral proponía hace unos años la introducción del voto nominal en función del tamaño de la circunscripción. Así, en circunscripciones entre dos y seis escaños, bastaría con un voto nominal; entre siete y doce, dos votos nominales; en las mayores, tres y en Madrid y Barcelona, cuatro o cinco.

En todo caso no debemos perder de vista que además de la fórmula utilizada otros factores contribuyen a los efectos escasamente proporcionales de nuestro sistema electoral. En primer lugar, el número de diputados. El constituyente estableció una horquilla de entre 300 y 400 (artículo 68 CE). La LOREG optó por un total de 350 diputados, el mismo número que inicialmente había previsto la Ley para la Reforma Política. Éste ha sido uno de los elementos más discutidos del sistema dado que hubiera sido necesario un número mayor de diputados para que los resultados fueran más proporcionales. De ahí la propuesta reiterada de reformar la ley electoral para apurar al máximo el margen que permite la Constitución elevando el número de diputados a 400. No podemos perder de vista que nuestro Congreso es una de las cámaras europeas que tienen un menor número de diputados. Por ejemplo, la cámara de diputados italiana tiene 630 escaños y el Bundestag alemán 603. En todo caso, tampoco debemos olvidar que tal vez sería difícil justificar ante la ciudadanía este aumento dada la escasa valoración de la clase política y de su trabajo en el Parlamento.

Habría que explicar muy bien los efectos positivos que desde el punto de vista de la representatividad tendría el aumento de escaños. Además este incremento podría acompañarse de una correlativa reducción del número de senadores. Una reforma necesaria para garantizar la eficacia del Senado como cámara de representación territorial.

Pero sin duda el elemento que más condiciona los efectos escasamente proporcionales del sistema de elección del Congreso es la opción por la provincia como circunscripción y la asignación de un determinado número de diputados por cada una de ellas. El constituyente, siguiendo una vez más las pautas marcadas por la Ley para la Reforma Política, optó por aprovechar como circunscripción electoral una delimitación administrativa ya existente en lugar de proceder a una división artificial del territorio. Hay que tener en cuenta que esta segunda fórmula puede prestarse a soluciones interesadas por parte de los partidos que pueden realizar divisiones del territorio que les resulten especialmente ventajosas. En nuestro caso la provincia era una delimitación que ya de por sí ofrecía ventajas a determinadas fuerzas políticas, sobre todo de acuerdo con el reparto de escaños establecido por el legislador.

En concreto, la ley electoral, siguiendo lo ya establecido por el Decreto-ley de 1977, asigna a cada provincia un mínimo inicial de dos diputados. Ceuta y Melilla cuentan cada una con un diputado. La suma de este reparto provincial de escaños nos da un total de 102 diputados. Los 248 restantes se distribuyen entre las provincias de acuerdo con su población. El Decreto de Convocatoria de las elecciones debe especificar el número de diputados a elegir de acuerdo con lo dispuesto en el artículo 162 LOREG. Este número se concreta siguiendo dos operaciones. En primer lugar, se divide la cifra de la población de derecho de todo el territorio nacional por 248, lo cual da lugar a una cantidad que se denomina «cuota de reparto». Posteriormente, la cifra de la población de derecho de cada provincia se divide por esa cuota y los números enteros que resulten de esa división serían los diputados a elegir en cada provincia. Los restantes se distribuyen asignando uno a cada una de las provincias cuyo coeficiente obtenido de la división anterior tenga una fracción decimal mayor.

Este reparto de escaños provoca una gran desigualdad en el valor del voto ya que el número de votos necesario para obtener un escaño varía en función de la provincia. Este reparto favorece a las provincias menos pobladas y más rurales. Es decir, las que distribuyen menos escaños se encuentran sobre-representadas, mientras que las más pobladas o urbanas resultan infra-representadas. Este criterio privilegió especialmente al partido que estaba en el gobierno cuando se adoptó inicialmente en las normas electorales en 1977: UCD ganó en las elecciones de ese año en 39 provincias, la mayoría de las cuales estaban entre las sobre-representadas.

En las provincias menos pobladas se necesitan unos 35.000 votos para obtener un escaño, en las más pobladas se requieren más de 100.000 y en Madrid y Barcelona más de 130.000. El ejemplo al que siempre se recurre para explicar esta desigualdad es el de Madrid y Soria. Mientras que en la primera un diputado se obtiene con más de 100.000 votos, en Soria bastan poco más de 26.000. Es decir, el valor del voto de un elector de Soria es casi cinco veces superior al de otro de la provincia de Madrid. Esta desigualdad podría reducirse si se elevara el número de diputados a 400 y se redujera a uno el número inicial de diputados por provincia.

Además hay que tener en cuenta que la proporcionalidad tiende a producir sus efectos en circunscripciones amplias. Está demostrado que la fórmula D'Hondt produce efectos proporcionales a partir de circunscripciones en las que se eligen como mínimo siete diputados. Como en el caso de las provincias más de la mitad son pequeñas por su población, los efectos que provoca el sistema de elección de los diputados se hallan más próximos a los propios de una fórmula mayoritaria. Las circunscripciones pequeñas tienden en sus resultados a ser bipartidistas. Difícilmente un tercer partido puede obtener en ellas representación. Sólo en las más grandes es posible que las fuerzas menores obtengan diputados. De esta manera, prácticamente las circunscripciones de Madrid y Barcelona son las únicas que permiten resultados proporcionales. Si analizamos el Decreto de Convocatoria de las elecciones generales del 14 de marzo de 2004, nos encontramos con una gran mayoría de provincias, 34 en total, en las que se eligieron menos de siete escaños. Hubo doce en la que se pusieron en juego entre ocho y nueve diputados y sólo seis en las que se eligieron más de diez.

Estos factores podrían haber llevado a determinadas fuerzas políticas a realizar coaliciones que les permitieran sumar votos. Sin embargo no ha sido una práctica excesivamente frecuente en nuestro país. Las más exitosas han sido sin duda las realizadas entre Convergencia Democrática de Cataluña y la Unión Democrática de Cataluña o la que reunió a varias fuerzas canarias bajo la denominación de Coalición Canaria.

También este sistema ha potenciado el recurso por parte de los electores al denominado «voto útil», es decir, la tendencia a concentrar sus votos en las candidaturas que tienen más posibilidades de obtener escaños. Los mismos partidos han contribuido en gran medida a la utilización de este voto útil o estratégico ya que en las mismas campañas electorales han hecho llamamientos en este sentido. Por ello no es de extrañar que en un gran número de circunscripciones los dos primeros partidos reciban aproximadamente el 80 por ciento de los sufragios.

Esta distribución también favorece que los partidos que tienen sus apoyos concentrados en determinadas circunscripciones alcancen una mayor representación que la tercera fuerza política que tiene sus apoyos diseminados por todo el territorio nacional. De ahí la importante presencia de determinados partidos regionalistas o nacionalistas. La gran perjudicada por estos efectos ha sido a lo largo de todos estos años Izquierda Unida, una coalición que consigue menos escaños que algunas candidaturas nacionalistas a pesar de haber sido más votada.

Todos estos elementos determinan además que el sistema electoral español sea uno de los que más reducen la pluralidad partidista. Es decir, nuestro sistema provoca que haya un elevado número de partidos que no alcanzan representación parlamentaria. Mientras que en el resto de países europeos, la media de esa reducción se sitúa en el 10,83 por ciento en nuestro país alcanza el 28,07 por ciento. El número de partidos que han obtenido representación desde 1977 se ha mantenido siempre por encima de 10, dándose el mayor número tras las elecciones de 1979 y las de 1989 en las que 13 fuerzas políticas obtuvieron escaños. En definitiva, el sistema electoral ha permitido configurar en estos años un sistema de partidos que respondía a los intereses del constituyente y del legislador electoral. Se ha garantizado la presencia de dos partidos fuertes, con posibilidad de alcanzar una mayoría parlamentaria que les permitiese formar un gobierno estable, así como la representación de fuerzas nacionalistas y regionalistas que de esta manera han quedado integradas en el sistema, hasta el punto de que en más de una legislatura su apoyo ha sido fundamental para formar gobierno. De hecho, hemos tenido tres legislaturas con mayoría absoluta de un partido —dos del PSOE, tras las elecciones de 1982 y 1986; y la del PP tras las del año 2000—, una con una mayoría «casi» absoluta —en las elecciones de 1989, el PSOE obtuvo 175 escaños, es decir, sólo le faltó uno para dicha mayoría— y el resto con mayorías relativas que han permitido con cierta facilidad formar gobierno. Las mayores dificultades las encontró el PP tras las elecciones de 1996 ya que, tras haber obtenido 156 diputados, tardó dos meses en ponerse de acuerdo con CIU, PNV y CC para que votaran a favor de la investidura de Aznar.

El análisis de estos resultados nos ponen de manifiesto las dos direcciones contradictorias que, como ha señalado José Ramón Montero, están presentes en nuestro sistema electoral: mientras que el ámbito nacional contiene unos fuertes incentivos contra la fragmentación, posibilita al mismo tiempo la fragmentación gracias al apoyo electoral que reciben los partidos autonómicos o provinciales.

Se ha generado de esta manera lo que se denomina un «bipartidismo imperfecto». Ello ha provocado las críticas constantes de la fuerza más perjudicada por el sistema, Izquierda

Unida, así como de aquellos que no consideran oportuna una presencia tan importante de fuerzas nacionalistas en el Congreso de los Diputados. Evidentemente esta peculiar composición de la cámara ha condicionado las políticas que se han adoptado en los últimos años y, sobre todo, ha sido determinante en la construcción del Estado autonómico. El hecho de que tanto gobiernos del PSOE como del PP no hayan tenido el apoyo de una mayoría parlamentaria de su propio partido les ha obligado a realizar algún tipo de pacto o acuerdo con fuerzas minoritarias de la cámara, o sea, con partidos nacionalistas. Esta situación ha condicionado sin duda la adopción de determinadas políticas territoriales y ha provocado en algunos sectores sociales y políticos una cierta desconfianza hacia las Comunidades autónomas vasca y catalana que han sido las grandes beneficiadas por la importante presencia parlamentaria de fuerzas nacionalistas de sus territorios. El mismo momento de reformas estatutarias que en la actualidad estamos viviendo en medio de tantas tensiones y polémicas es debido en gran parte a los resultados tanto de las elecciones generales de 2004 como de las autonómicas catalanas de noviembre de 2003.

Debemos recordar que las elecciones celebradas en Cataluña el 16 de noviembre de 2003 supusieron el fin del largo periodo de Gobierno de CiU. Esta fuerza obtuvo un total de 46 escaños, mientras que el resto del parlamento quedó configurado de la siguiente manera: PSC-CpC, 42; ERC; 23; PP, 15 y ICV-EA, 9. CiU quedaba pues lejos de la mayoría absoluta necesaria para gobernar. El pacto PSC-ERC-ICV, que dio lugar al controvertido «tripartito», permitió a Maragall convertirse en presidente de la Generalitat. No cabe duda que este reparto de fuerzas ha propiciado la elaboración de un proyecto de reforma estatutaria como el que finalmente ha sido aprobado en las Cortes Generales. Un proyecto que, a su vez, se ha visto favorecida en su tramitación por la composición del Congreso de los Diputados.

Recordemos los resultados de las elecciones generales del 14 de marzo de 2004 para analizar sobre ellos algunos de los factores que he señalado.

PARTIDO	VOTOS	PORCENTAJE	ESCAÑOS
PSOE	10.909.687	42,64%	164
PP	9.630.512	37,64%	148
CiU	829.046	3,24%	10
ERC	649.999	2.54%	8
EAJ-PNV	417.154	1.63%	7
IU	1.269.532	4,96%	5
CC	221.034	0,86%	3
BNG	205.613	0,8%	2
CHA	93.865	0,37%	1
EA	80.613	0,32%	1
Na-Bai	60.645	0,24%	1

En dichas elecciones comprobamos como un partido, el PSOE, obtiene la mayoría de los sufragios pero sin llegar a alcanzar la mayoría absoluta que le permitiría gobernar en solitario. Tal y como había sucedido en legislaturas anteriores, el PSOE decidió formar gobierno en solitario con el apoyo en la investidura de IU y de los partidos nacionalistas. Esta dependencia ha influido de hecho en asuntos como la negociación de la reforma estatutaria catalana. Estamos seguros que de haber obtenido mayoría absoluta el PSOE distinto hubiera sido el panorama, al menos en algunos extremos hoy tan condicionados por las «presiones» nacionalistas.

El «mapa» político que queda dibujado en el Congreso refleja los efectos que hemos puesto de manifiesto. Hay dos grandes partidos que concentran entre los dos más del 80 por ciento de los votos, mientras que el 20 por ciento restante se reparte entre partidos más pequeños, la mayoría de ellos de carácter nacionalista o regionalista. Hay que tener en cuenta que el sistema produce un evidente efecto de concentración del voto y limita las posibilidades de representación de las candidaturas minoritarias. De hecho, en las elecciones que estamos analizando llegaron a presentar candidaturas más de noventa partidos o grupos políticos y sólo once alcanzaron representación en el Congreso. De forma paralela, un importante número de votos, cerca de un millón, que optaron por partidos minoritarios, quedó finalmente sin contabilizar en el reparto de escaños.

Como ha pasado en todas las elecciones, Izquierda Unida, que es la tercera fuerza a nivel nacional, es la gran perjudicada al tener su voto disperso por todo el territorio. A pesar de contar con más de 800.000 votos, sólo alcanza dos escaños. Es notoria la paradoja que se produce en relación con fuerzas como ERC, CiU, EAJ-PNV y CC que teniendo todas menos votos alcanzan una representación mayor. La diferencia más «flagrante» se plantea con Coalición Canaria que teniendo sólo 235.221 votos obtiene un diputado más que IU. Como he explicado antes, esta posición ventajosa deriva de que son partidos con el voto concentrado en determinadas circunscripciones. Por ello es lógico que durante todos estos años IU haya sido la fuerza que con más insistencia ha pedido un cambio del sistema electoral. Una propuesta que, obviamente, ha sido rápidamente contestada por los partidos nacionalistas. No han faltado en todo caso propuestas de reforma desde otras instancias políticas dirigidas a aminorar el peso de dichos partidos. Todos recordamos, por ejemplo, la propuesta reivindicada por Rodríguez Ibarra, presidente socialista de Extremadura, consistente en aplicar una barrera legal del 5 por ciento en todo el territorio nacional, lo cual impediría la presencia de los nacionalistas en el Congreso.

7.2. El poder de los partidos: las listas cerradas y bloqueadas

En los últimos años el debate electoral se ha centrado no tanto en la fórmula electoral sino más bien en lo que algún autor ha denominado «elementos periféricos». Y, sin duda, el más discutido de estos ha sido la modalidad de presentación de las candidaturas. En general éstas pueden ser de dos tipos: uninominales, cuando presentan a un solo candidato, o plurinominales, cuando adoptan la forma de lista de candidatos. La primera fórmula es la habitual en los sistemas mayoritarios en los que en cada distrito se suele elegir un representante. Este sistema, como he señalado, propicia una relación más directa e inmediata con los representantes y debilita el papel de los partidos. Los sistemas proporcionales, por el contrario, son sistemas de listas. Precisamente las listas cerradas y bloqueadas aparecen históricamente cuando se extiende el sufragio y se consolidan tanto el sistema proporcional como los partidos de masas.

Los partidos se ven reforzados cuando las candidaturas se presentan mediante listas, ya que en este caso lo decisivo para el elector no son tanto los candidatos incluidos en ella sino la fuerza política que los presenta. Este poder de los partidos es mayor cuando las listas son cerradas y bloqueadas. En éstas el orden de los candidatos es inamovible. El elector no tiene posibilidad de manifestar ninguna preferencia: ha de votar la lista tal y como se la presenta el partido. En el caso de las listas cerradas pero no bloqueadas, el elector puede reordenar los candidatos e incluso llegar a tachar algún nombre. Finalmente, en las listas abiertas el elector puede incluso combinar nombres de listas diversas e introducir nombres nuevos. En la mayor parte de los sistemas proporcionales vigentes en los países europeos los electores pueden marcar algún tipo de referencia. Sólo en España y Portugal, y en Italia tras la reforma de 2005, no existe dicha posibilidad.

Las listas cerradas y bloqueadas contribuyen, pues, a reforzar el sistema de partidos. Uno de los objetivos presentes en nuestra normativa electoral desde el año 1977. Junto a este refuerzo de los partidos, que era uno de los objetivos clave para asentar la democracia parlamentaria en nuestro país, es evidente que la opción por las listas cerradas y bloqueadas respondió también a una finalidad pedagógica. Se consideró que para un electorado no acostumbrado a acudir a las urnas sería mucho más fácil decidirse por la lista presentada por un partido que expresar algún tipo de preferencia.

Su influencia en el mantenimiento de la estructura oligárquica de los partidos y en el distanciamiento de los candidatos con respecto a los electores es lo que ha provocado que la modificación de este tipo de listas haya sido uno de los puntos centrales del debate sobre la reforma del sistema electoral. El protagonismo del partido no sólo reduce las opciones del elector sino que también incide en la despersonalización de la relación entre representantes y representados y en la escasa incidencia en la actuación de esos representantes en los problemas singulares de la circunscripción por la que han sido elegidos.

De alguna manera, este control sobre las listas marca el inicio de una relación representativa marcada por un nuevo mandato «imperativo» procedente de los partidos. Desde el momento en que los candidatos incluidos en una lista están en esa posición gracias a una decisión del partido, o mejor dicho de la cúpula del partido, es lógico que queden sometidos a la disciplina que esa estructura les marca. Todo ello en contradicción con la prohibición que establece la Constitución en el artículo 67.2 («Los miembros de las Cortes Generales no estarán ligados por mandato representativo») y con la doctrina reiterada por nuestro Tribunal Constitucional de que el titular del escaño es el diputado y no el partido. Bastaría recordar como algunos partidos han llegado a utilizar las llamadas «renuncias en blanco» que obligan a firmar a sus diputados al tomar posesión del escaño y que podrán utilizar en el caso de alguna discrepancia futura entre el partido y el representante.

Sin embargo, y reconociendo la influencia de las listas cerradas y bloqueadas en el omnímodo poder de los partidos, tampoco hemos de esperar que una reforma de las mismas sea la panacea que transforme las disfuncionalidades que presenta el funcionamiento de aquellos. No deberíamos olvidar que, como bien ha escrito el politólogo Julián Santamaría, «la oligarquización de los partidos es anterior y previa al uso de las listas cerradas y bloqueadas».

De entrada, no podemos perder de vista que los sentimientos de identificación con los partidos sitúan a las organizaciones por encima de las personas. Ya he señalado cómo en las campañas electorales los candidatos son oscurecidos por las grandes maquinarias partidistas y por los líderes que las encabezan. A ello ha contribuido también la misma evolución política de nuestro país.

Los partidos españoles han ido consolidando de manera paralela a la generalización de los medios de comunicación de masas. En especial la televisión ha contribuido a una mayor «visibilidad» de los dirigentes nacionales. A esta presencia mediática habría que unir la debilidad de las tradiciones políticas locales y provinciales, lo que genera un evidente desconocimiento de los hombres y mujeres incluidos en la lista. En todo caso goza de un mayor relieve el cabeza de lista que normalmente es reclutado a nivel nacional y que en muchos casos carece de «arraigo» político en la circunscripción en que lo presenta el partido.

Podríamos poner muchos ejemplos que demuestran cómo la selección de candidatos a equilibrios partidistas no siempre tienen en cuenta los intereses de la circunscripción en la que se presenta una determinada lista. Uno de ellos puede ser la inclusión de Miguel Ángel Moratinos, actual ministro de Asuntos Exteriores del Gobierno socialista, como número dos en la lista que el PSOE presentó en la circunscripción de Córdoba, a pesar no haber tenido hasta ese momento ninguna vinculación con la provincia. Este ejemplo, al que podríamos sumar otros muchos, corrobora el peso de la dirección de los partidos en la elaboración de las candidaturas y la escasa democracia interna que preside dichos procesos. En todo caso en la elaboración de las listas los partidos han de encontrar un equilibrio entre diferentes exigencias. Por una parte han de atender a las presiones de la misma organización partidista pero por otra han de procurar también que la lista contenga nombres atractivos y que generen una cierta confianza entre los electores. Por tanto, la despersonalización, que es una de las críticas que normalmente se hace al sistema de listas cerradas y bloqueadas, tampoco es absoluta.

A todo ello habría que añadir la lógica «presidencialista» que ha acabado impregnando nuestros procesos electorales, ha hecho que la atención de los medios y de la opinión pública se centre en los candidatos a la presidencia del Gobierno, y muy especialmente en los candidatos de los dos partidos mayoritarios. Una atención que es previa a la campaña electoral y que tiene mucho que ver con la dinámica de «adversarios» también instalada en nuestro sistema parlamentario y que es más propia de un sistema mayoritario.

Por otra parte, tampoco podemos olvidar que la apertura de las listas también tiene sus riesgos. Ésta, como demuestran experiencias cercanas como la italiana, suele generar prácticas clientelares entre electores y candidatos, ya que estos buscan apoyos externos al partido, lo cual ofrece un campo abonado para la corrupción. Es curioso el dato de que en Italia el voto de preferencia, introducido por la reforma electoral llevada a cabo en el año 1993, se usara mucho más en el Sur que en el Norte. Es decir, como demuestran todos los estudios realizados, el uso de dicha preferencia era mayoritario en zonas con menos niveles de desarrollo en las que se daban mejores circunstancias para provocar actuaciones que incluso podríamos calificar de «caciquiles».

La apertura de listas también provocaría divisiones en el interior de los partidos ya que los candidatos de una misma fuerza política tendrían que competir entre ellos. Ello generaría una poco deseable imagen de división interna, además de que favorecería auténticas luchas en las que sin duda resultarían privilegiadas las corrientes mayoritarias. En definitiva, la apertura de las listas pondría en peligro una de las funciones que cumplen los partidos: la que Antonio Porras Nadales ha llamado de «cápsulas de seguridad», es decir, la función mediante la cual amortiguan y simplifican los conflictos de su esfera interna que no resultan visibles para los ciudadanos.

Además, la experiencia comparada demuestra cómo en muchos casos los electores no utilizan su capacidad de preferencia. Sigue primando la identificación con los partidos, lo cual es reforzado por unas campañas electorales que giran alrededor de ellos. Es lo que ocurre por ejemplo en el sistema alemán. En éste, y aunque el elector disponga de dos votos, uno para la elección directa de un diputado en las circunscripciones por mayoría relativa y otro para una lista cerrada y bloqueada a escala de Land, aproximadamente un 90 por ciento de electores votan candidatos y listas del mismo partido.

La misma experiencia española del Senado no nos permite abrigar muchas esperanzas en cuanto al uso del voto de preferencia. Varios estudios realizados sobre el uso de esta posibilidad por los electores demuestran que siguen primando los criterios partidistas. Incluso se ha demostrado que existe un sesgo a favor de los candidatos mejor situados alfabéticamente. Dado que los nombres de candidatos y candidatas están ordenados alfabéticamente, si el elector prescinde de alguno de los presentados por un partido, suele optar por los que están mejor situados en función de la letra inicial de su apellido.

Por todo ello no creo que una reforma del sistema de listas sea la solución que resolviera todos los problemas de funcionamiento democrático que presenta nuestro sistema constitucional. Tal vez generaría más tensiones y contribuiría a la inestabilidad de los partidos. Además dicha propuesta parte de una visión demasiado simplista de los resultados que provocaría la reforma. Propuestas como la apertura de las listas o la creación de distritos uninominales conllevan, como bien ha advertido Antonio Porras Nadales, «el ideal implícito de un representante polifacético y multifuncional, auténtico *superman* de la política, capaz de otorgar coherencia programática y solvencia ideológica a sus propuestas, de atender instantáneamente el conjunto de necesidades y demandas emergentes presentadas por los ciudadanos y grupos sociales, de conformar constructivamente mayorías gubernamentales estables y de reproducir simbólicamente el pluralismo subyacente a lo largo del tiempo».

Las propuestas más «prudentes» en cuanto a la apertura de las listas han planteado su introducción en procesos electorales como los autonómicos o el europeo. Yo sólo me atrevería a proponerla en el ámbito municipal. Dadas las peculiares características que tiene la política local, en la que es evidente que en muchos casos pesa más la personalidad de los candidatos que las siglas del partido que los presenta y en la que es posible un contacto más directo entre elector y cargo público, tendría una mayor virtualidad permitir que el elector pudiera expresar sus preferencias. Realmente lo oportuno sería «desbloquear» las listas, en el sentido de que el elector pudiera marcar sus preferencias. Este desbloqueo podría servir además de marco experimental que, en función de los resultados, cabría trasladar posteriormente a otros procesos electorales. No obstante, no deberíamos perder de vista los efectos negativos que, como he subrayado, podría provocar esta apertura y que dadas las especiales características de la política local podrían resultar contraproducentes. La posibilidad de que el elector dispusiera de un voto de preferencia incidiría en la propia estructura de los partidos, en las conexiones de los candidatos con grupos de presión con los que llegaría a establecer relaciones clientelares y en el propio desarrollo de la dinámica electoral que quedaría marcada por la «personalización» de las ofertas políticas.

7.3. Un reto: la democratización de la selección de candidatos

Creo que la vía para superar determinadas inercias de nuestro sistema democrático sería no tanto la que incidiera en el sistema de presentación de candidatos sino más bien en los procesos de configuración de las listas que los partidos presentan en los distintos procesos electorales. El reto se halla en la previsión de mecanismos que permitan una mayor participación de los afiliados e incluso de los electores en la elaboración de las candidaturas. Es decir, de unos mecanismos que garanticen una mayor democracia interna de los partidos.

La mínima disciplina legislativa existente en nuestro país contribuye al mantenimiento de las estructuras oligárquicas de los partidos. De hecho el mandato de democracia interna que contiene el artículo 6 CE apenas si ha sido desarrollado por el legislador. La Ley Orgánica 6/02 de Partidos Políticos, fue otra oportunidad perdida en este sentido. La ley se limita a reiterar el mandato constitucional y a dar unas pautas muy generales de cómo debe ser la organización del partido, remitiendo a los estatutos internos su concreción. Y aunque el artículo 8 de dicha ley reconoce entre los derechos de los afiliados el de participar en las actividades del partido y en los órganos de gobierno y representación, así como el de ser electores y elegibles para los cargos del mismo, no se concreta de qué manera ha de articularse dicha participación y, por supuesto, en ningún momento, se habla de cómo deben los partidos seleccionar sus listas de candidatos. De hecho, si aplicáramos de manera rigurosa lo que dispone el artículo 9.2 de la citada ley, «Un partido político será declarado ilegal cuando su actividad vulnere los principios democráticos», debería procederse a la ilegalización de todas, o de la mayoría, de nuestras fuerzas políticas.

De ahí que uno de los retos pendientes de nuestros sistemas democráticos sea la democratización de la selección de candidatos. La mayor parte de los estatutos de los partidos regulan este tema de manera muy superficial, de manera que en la práctica dicha selección suele responder a una mezcla de intereses partidistas y personales así como a los complejos equilibrios que cada partido debe mantener entre sus distintas «familias», grupos territoriales o de presión. Lo habitual es que la selección sea centralizada y basada en criterios de fidelidad y confianza, lo cual legitima un fuerte poder disciplinario del partido sobre el candidato.

Basta con analizar los estatutos de algunos partidos para comprobar cómo en esta materia siguen primando cauces escasamente democráticos y en los que deciden las instancias centrales del partido. Por ejemplo, los estatutos del Partido Popular aprobados en el XV Congreso Nacional, celebrado en octubre de 2004, reconocen como derecho de los afiliados el «ser seleccionado para formar parte de las candidaturas que el partido presente en los diferentes procesos electorales». Si nos fijamos en el lenguaje utilizado fácilmente descubrimos de qué manera se va a dar contenido a tal derecho: se habla de «seleccionar», no de «elegir». Esta selección está en manos de unos órganos del partido llamados comités electorales, cuyos miembros son elegidos por el Comité Ejecutivo del Partido. Estos comités se organizan de forma jerárquica de tal manera que las propuestas realizadas por los de ámbito inferior tienen que ser aprobadas por el Comité Electoral Nacional, el cual, además, elabora y aprueba la candidatura al Parlamento europeo y designa a los candidatos a las presidencias de los gobiernos de las comunidades autónomas, a las presidencias de las diputaciones y a las alcaldías de las capitales de provincia. Hay por lo tanto un claro protagonismo de la «cúpula» del partido en este proceso y escasas posibilidades de participación de los afiliados.

Los estatutos de Izquierda Unida, dada su organización federal, remiten a las correspondientes federaciones la regulación del proceso de selección de candidatos teniendo en cuenta los principios establecidos con carácter general. Como mandato general se establece que «los órganos de dirección correspondientes promoverán el proceso, garantizando la más amplia participación de las asambleas de base de IU, que elevaran sus propuestas al órgano competente, atendiendo a los principios generales que IU, entre ellos, el principio de pluralismo regulado en los presentes estatutos, que resuelve el método de votación en los casos en los que no se alcance consenso». En el caso de ratificación de las candidaturas para el Parlamento europeo, los estatutos disponen que el Consejo Político Federal articulará un proceso de consulta interno que posibilite que todo afiliado pueda pronunciarse sobre la candidatura y su composición. Las candidaturas de las elecciones generales son elaboradas por las distintas federaciones y ratificadas definitivamente por el Consejo Político Federal. El candidato a la presidencia del gobierno es propuesto por la Presidencia Ejecutiva Federal, oídas las federaciones, al Consejo Político Federal. Éste, en el caso de que existan otros candidatos además del propuesto por la Presidencia Federal, y siempre que cuenten con el aval del 25 por ciento de miembros del Consejo Político Federal o del 10 por ciento de afiliados, organizará la oportuna consulta al conjunto de miembros de la coalición.

Estos dos ejemplos, a pesar de las diferencias que existen entre ambas normativas internas, nos ponen de manifiesto cómo la selección de candidatos no se caracteriza por ser un proceso con elevadas dosis de democracia interna. De ahí la propuesta de articular procedimientos que permitan una mayor participación de los afiliados al partido e incluso de los simpatizantes. Entre ellos el más conocido es el de las «primarias», que todos podemos reconocer por su utilización en Estados Unidos. Un sistema que fue importado por el PSOE en el año 1998, debido en gran parte a la necesidad del partido de plantearse un cambio interno y de renovar la clase dirigente tras unos años de crisis que llevaron al fracaso en las elecciones de 1996. Y es que no cabe duda que son los fracasos electorales los que suelen actuar como revulsivos en la vida interna de los partidos. En el caso que comentamos es evidente que la crisis prolongada que el PSOE sufrió a lo largo de los noventa le llevó a replantearse algunas de sus estructuras. Mientras que un partido se mantiene en el poder es difícil que abra procesos que pueden poner en peligro su cohesión y unidad internas. Es decir, y aunque la afirmación pueda parecer excesivamente genérica, cuando en un partido no hay crisis, la voz de sus afiliados apenas es escuchada. Los líderes marcan las pautas y se prorrogan las dinámicas de aclamación. Sólo en momentos de crisis se conceden más espacios a las voces plurales que pueden habitar en el interior de un partido.

El proceso de primarias que llevó a la designación de Josep Borrell como candidato a la presidencia del Gobierno, tras vencer a Joaquín Almunia, tuvo una gran repercusión mediática ya que era la primera vez que en nuestro país un partido realizaba la selección de un candidato de esta manera. La posterior dimisión de Borrell pondría de manifiesto algunas de las debilidades del propio sistema derivadas de la dificultad de romper con la rigidez del «aparato» del partido. Al margen de cómo evolucionaron los acontecimientos en los meses posteriores, creo que merece la pena tener en cuenta dicha propuesta porque nos ofrece un ejemplo, mejorable sin duda, de cómo democratizar el funcionamiento de los partidos, y sobre todo de cómo hacerlo en relación con la que es una de sus funciones claves: la propuesta de candidatos para cargos públicos.

En concreto, fue en el congreso del PSOE celebrado en junio de 1977 donde se acordó el establecimiento de un sistema de primarias para la elección de candidatos a las elecciones autonómicas y municipales. Posteriormente la Ejecutiva amplió dicha posibilidad a la elección del aspirante a la presidencia de Gobierno. Finalmente el Comité Federal del 21 de marzo de 1998 aprobó el reglamento de selección de candidatos a cargos públicos. Este reglamento disponía que el ámbito de utilización de las primarias sería la selección de candidaturas a la presidencia del Gobierno de la nación; a las presidencias de las Comunidades y ciudades autónomas, presidencias de los cabildos, de los consejos insulares, de juntas generales y alcaldías en determinados municipios, cuando en cualquiera de estos supuestos existiera más de un aspirante a la nominación. Las primarias para la selección de candidatos a alcaldías sólo se utilizarían en municipios capitales de provincia y de 50.000 o más habitantes, así como en aquellos otros municipios en que a propuesta del Comité Local se autorizara por instancias centrales. Igualmente el proceso se utilizaría en la propuesta de candidaturas completas para integrar una lista para las elecciones generales, europeas, autonómicas y locales, propuesta que habría de ser votada democráticamente y, en su caso, aprobada por los órganos competentes del partido. Ahora bien, en relación con la elaboración de candidaturas para las elecciones generales y autonómicas no se contenía un procedimiento de «selección» de candidatos sino más bien de «elaboración» de listas con un notable peso de los comités superiores. Además, el ámbito inicialmente previsto para la utilización de las primarias quedó drásticamente reducido a partir de la decisión del Comité Federal del 13 de julio de 1998 que acordó no utilizarlas en aquellos lugares donde gobernaba el PSOE. De esta manera, se redujo el potencial democratizador del proceso en beneficio de la unidad del partido.

El reglamento del PSOE optó por un sistema de primarias «cerradas», es decir, unas primarias en las que sólo podían ser electores los afiliados y afiliadas inscritos en el correspondiente censo. No obstante, añadía la posibilidad de abrir en un futuro el proceso a los simpatizantes que figurasen inscritos en un censo Federal cuya elaboración se preveía en una disposición adicional. Esta apertura tendría como ventaja contrarrestar la presión de las redes clientelares dentro del partido así como lograr una mayor conexión con la sociedad. Su mayor dificultad radica en la elaboración y en el mantenimiento actualizado del censo de simpatizantes. Sobre todo cuando debemos recordar que uno de los principales problemas con los que se tuvo que enfrentar el PSOE en su primera experiencia de primarias fue la deficiente actualización de su censo de afiliados. Por lo tanto, creo que la apertura a los simpatizantes no debería producirse hasta que las primarias se hubieran consolidado y se hubiesen desarrollado los mecanismos administrativos necesarios para organizar correctamente todo el proceso.

La actual regulación interna del PSOE ha limitado el recurso a las primarias como mecanismo de selección de candidatos. Los estatutos aprobados en el 36 congreso del partido celebrado en 2004 remiten en este tema al correspondiente reglamento de selección de cargos públicos. Este reglamento marca una serie de principios que deben regir la elaboración de candidaturas, tales como el de igualdad de todos los afiliados y afiliadas para acceder los cargos dependientes del partido, la gradual renovación generacional, el principio de mérito, la representatividad o proyección social y el principio de paridad. En relación con este último, se ordena que todas las listas de candidaturas electorales se elaborarán de manera que ningún grupo de sexo tenga una presencia menor del 40 por ciento ni mayor del 60 por ciento. Esta proporción será aplicable a la composición de las candidaturas electorales, tanto en la integridad de la lista como en el conjunto de puestos sobre los que exista previsión de resultar electos.

La normativa reguladora de cargos públicos del PSOE mantiene el ámbito de aplicación de las primarias previsto en 1998. En el supuesto de que las instituciones que han de renovarse estén gobernadas por el PSOE, sólo se aplicarán las primarias si lo solicita la mayoría del Comité Federal para el caso de la presidencia del Gobierno, o del Comité Regional en el caso de la presidencia de las comunidades autónomas, o del Comité Provincial para las presidencia de las juntas generales o del Comité Insular para las presidencias de los cabildos y consejos. En el caso de los municipios deberá ser solicitado por el 40 por ciento de los militantes a la agrupación municipal correspondiente. De manera distinta se contempla la propuesta de candidaturas completas para integrar las listas para las elecciones a las Cortes Generales, Parlamento europeo, asambleas o Parlamentos autonómicos y elecciones municipales. Estas propuestas, que deberán realizarse por medio de listas abiertas, serán votadas y en su caso aprobadas por los órganos competentes del partido.

La normativa citada establece que pueden proponer candidatos a la presidencia del Gobierno de la nación la Comisión Ejecutiva Federal, por mayoría, el aval del Comité Federal o el 10 por ciento de los militantes del PSOE. En el caso de los candidatos a las presidencias autonómicas las propuestas pueden proceder de la Comisión Ejecutiva Regional, por mayoría, el aval del Comité Regional o de un 15 por ciento de militancia de la Federación.

Para las elecciones municipales se prevé el procedimiento de primarias para los municipios capitales de provincia y de más de 50.000 habitantes. En los que tengan entre 20.000 y 50.000 sólo se utilizarán si así lo aprobasen los comités regionales o de nacionalidad a propuesta de las comisiones ejecutivas regionales o de nacionalidad. En estos casos, las propuestas de candidatos pueden proceder de la Comisión Ejecutiva Nacional, por mayoría. En el caso de municipios que incluyan en su término dos o más agrupaciones locales, la propuesta deberá realizarse por la Comisión Ejecutiva de ámbito superior; o bien por el 20 por ciento de los militantes del municipio. Hay que tener en cuenta que el proceso de primarias sólo se abrirá si existe más de un candidato o candidata.

A todas estas restricciones hay que añadir la que establecen los estatutos del partido en su artículo 49.3: «La Comisión Federal de Listas, cuando las circunstancias políticas lo aconsejen o el interés del partido lo exija, podrá suspender la celebración de primarias en determinados ámbitos territoriales, una vez que éstas sean convocadas por el Comité Federal y previo informe o solicitud de las comisiones ejecutivas de nacionalidad o región».

A pesar de todas las carencias de la inicial regulación, y de los aspectos controvertidos de la primera experiencia en la que acabó pesando en exceso el «aparato» del partido, las primarias socialistas constituyeron un referente que, lamentablemente, no ha tenido la deseable continuidad. No lo ha tenido ni siquiera en el mismo partido que recurrió a ellas como mecanismo democratizador, tal y como demuestran las cautelas y restricciones que posteriormente se han establecido. Por todo ello, que viene a demostrar la resistencia de los partidos a introducir mecanismos de democratización interna, creo que debería haberse aprovechado la nueva Ley de Partidos para introducir en ella la exigencia de un procedimiento democrático de selección de los candidatos. No creo que ello hubiera supuesto una intromisión en su libertad de organización. La función de los partidos, que privilegia su posición como canalizadores de la participación política, pone de relieve su centralidad en el circuito democrático y justifica la intervención del ordenamiento en algunos aspectos de su vida interna. No cabe duda que esta intervención estaría más que justificada en los procesos mediante los cuales los partidos seleccionan sus candidatos ya que, a través de ellos, están concretando el ejercicio de un derecho fundamental como es el sufragio. Máxime cuando en un sistema electoral como el nuestro las propuestas de candidatos se nos presentan en listas cerradas y bloqueadas, y cuando prácticamente son los partidos los únicos con capacidad real para presentar candidaturas.

CAPÍTULO 8

LA ELECCIÓN DE LOS SENADORES

Uno de los aspectos más controvertidos de nuestro sistema constitucional es la posición del Senado. El constituyente español optó por un Parlamento bicameral, en el que la segunda cámara actuaría como cámara de representación territorial (artículo 69 CE). Es decir, se trataba de que, en armonía con el modelo territorial descentralizado, el Senado fuera la cámara en la que se hicieran presentes y se integraran los intereses de las Comunidades autónomas, tal y como suele ser habitual en los sistemas federales. Sin embargo, la regulación constitucional y la posterior asignación de funciones al Congreso y al Senado realizada por los respectivos reglamentos parlamentarios diseñó un «bicameralismo imperfecto» en el que todo el protagonismo y peso político corresponde al Congreso de los Diputados y en el que el Senado apenas dispone de funciones de representación de las Comunidades autónomas. De ahí que con insistencia se haya reclamado su reforma. De hecho, en la propuesta de reforma constitucional planteada por el Gobierno de Rodríguez Zapatero se incluye la reforma del Senado con el objetivo de que finalmente responda a la definición que del mismo realiza la Constitución. Hasta el momento, el Senado se ha limitado a ser una cámara «de segunda lectura», con una composición política similar a la del Congreso y cuya virtualidad en relación con los grandes debates de política autonómica ha sido escasísima.

El Senado ha sido discutido desde una doble perspectiva: atendiendo a su composición y en función de las competencias que se le han atribuido. La primera es la que nos interesa en este momento, si bien las dos confluyen en su carácter de cámara de representación territorial. La primera precisión que debemos hacer es que con respecto al mandato de los electores, la Constitución se limita a decir que termina cuatro años después de su elección o el día de disolución de la cámara (artículo 69. CE). En relación con la disolución, el artículo 115 establece que el presidente del Gobierno podrá disolver el Congreso, el Senado o las Cortes Generales. Por lo tanto, la disolución, la correspondiente elección del Congreso y del Senado no tienen por qué producirse al mismo tiempo: el presidente del Gobierno podría disolver sólo el Congreso, o sólo el Senado, o bien las dos cámaras al mismo tiempo. La Constitución las configura como cámaras independientes que podrían iniciar sus «periodos de sesiones» en momentos distintos. Sin embargo, desde un primer momento se optó por proceder a su disolución paralela y, por tanto, a la convocatoria simultánea de elecciones al Congreso y al Senado. Ello ha contribuido a que el Senado se convierta prácticamente en una duplicación del Congreso ya que la coincidencia del proceso electoral favorece que el elector opte por la misma fuerza política en ambas cámaras. Esta coincidencia también ha contribuido a diluir el peso del Senado dada la relevancia política del Congreso desde el momento en que es la cámara la que lleva a cabo el proceso de investidura del presidente del Gobierno y la que concentra la parte más importante de la actividad de control político del Ejecutivo.

En segundo lugar, la Constitución optó por una composición del Senado que, en gran medida, ha contribuido a su indefinición. El constituyente propuso dos tipos de senadores: unos son elegidos por los ciudadanos y otros son designados por los asambleas legislativas o los gobiernos de las Comunidades autónomas. Posteriormente, la ley electoral concretaría que esta designación se llevaría a cabo por los parlamentos autonómicos. Los primeros son elegidos por sufragio universal, libre, igual, directo y secreto por los votantes de cada provincia de acuerdo con el procedimiento previsto en la ley electoral. En concreto, en cada provincia son elegidos cuatro senadores. En las provincias insulares, cada isla o agrupación de ellas, con cabildo o consejo insular, constituye una circunscripción en las que son elegidos tres senadores en las islas mayores (Gran Canaria, Mallorca, Tenerife) y uno en el resto de islas o agrupaciones. En Ceuta y Melilla se eligen dos en cada una de ellas. Por su parte, los senadores elegidos por las comunidades autónomas varían en función de la población de éstas. En principio se asigna uno a cada comunidad y otro más por cada millón de habitantes de su respectivo territorio. En su composición actual, hay un total de 258 senadores, de los que sólo 50 son designados por las asambleas autonómicas y 208 electos.

De entrada, esta doble composición provoca no sólo que el número de senadores sea variable sino que su composición cambie en función de la renovación de las asambleas legislativas de las comunidades autónomas. Por lo tanto, mientras que los senadores elegidos por los ciudadanos tienen un mandato coincidente con el de los diputados del Congreso, en el resto varía de acuerdo con el momento en que hayan sido designados por sus respectivos Parlamentos autonómicos. Hay que tener en cuenta que el reparto de senadores en función de la población se realiza tomando como referencia el censo de población de derecho vigente en el momento de celebrarse las elecciones, por lo que el número de senadores podrá ir modificándose en cada proceso. Además, esta doble procedencia de los senadores nos hace pensar en dos lógicas presentes en la cámara. Por un lado estaría lo que podríamos llamar «lógica de partido», a la que responderían los senadores elegidos por sufragio universal y presentados por las diferentes fuerzas políticas, y de otra estaría la «lógica territorial» a la que se supone responderían los senadores autonómicos. De hecho, el propio reglamento del Senado permite que además de los grupos parlamentarios paralelos a los partidos puedan constituirse grupos de carácter territorial compuestos por los senadores que, con independencia de su procedimiento de elección, procedan de una misma Comunidad autónoma. En todo caso, nuestro Senado no ha llegado a una auténtica «fusión» de esas dos lógicas y en él ha predominado en todos estos años la adscripción política de los senadores más que la territorial.

El legislador electoral estableció una fórmula mayoritaria para la elección de los senadores que se realiza mediante sufragio universal y con un sistema de listas abiertas. Las candidaturas se incluyen en una papeleta única, colocadas en el orden que resulte de un sorteo y dentro de cada candidatura el orden es alfabético. El artículo 166 LOREG concreta que serán proclamados electos aquellos candidatos que obtengan el mayor número de votos hasta complementar el de senadores asignados a la circunscripción. Aunque en cada circunscripción resultan elegidos cuatro senadores, los electores pueden dar su voto a un máximo de tres candidatos en las provincias, dos en Gran Canaria, Mallorca, Tenerife, Ceuta y Melilla, y uno en las restantes circunscripciones.

A pesar de que los candidatos a senadores se presentan en listas abiertas, en las que el elector puede elegir hasta tres nombres con independencia del partido que los presente e incluso combinar nombres de distintos partidos, lo normal es que el elector no haga uso de esta posibilidad. Lo más habitual es que se elijan los tres candidatos del partido que también se han votado en el Congreso. De ahí que la correlación de fuerzas en una cámara y otra tiende a ser similar. En la presente legislatura, sin embargo, hay una ligera ventaja del PP sobre el PSOE. Mientras que el primero tiene un total de 124 senadores, el PSOE sólo llega a 97. Junto a estos dos grandes partidos, el resto de la cámara está compuesta por grupos de carácter nacionalista —Grupo Parlamentario Entesa Catalana de Progrés, 16 senadores; G.P. de Senadores Nacionalistas Vascos, 7; GP Catalán en el Senado de CiU, 6; GP de Coalición Canaria, 4—, además del grupo mixto que tiene 4 senadores.

También debemos apuntar que las estadísticas demuestran que es en este proceso donde suele darse un mayor número de votos nulos, bien porque se hayan señalado más nombres de los permitidos o porque se marcan las siglas del partido pero no candidatos en concreto. Ello demuestra el poco conocimiento que el electorado tiene del sistema electoral y hace que confirmemos las dudas que nos plantea la posibilidad de abrir las listas.

Son muchas las propuestas que en los últimos años se han realizado en torno a la reforma del modo de elección de los senadores. Hay unanimidad en reconocer lo inapropiado del sistema vigente. Las propuestas son tantas como autores se han ocupado del tema. Hay quienes defienden que todos los senadores sean designados por las Comunidades autónomas, optando algunos por que sean las asambleas legislativas las encargadas de la designación y otros por que tal función corresponda a los ejecutivos autonómicos. Otras posiciones han defendido que todos los senadores sean elegidos por sufragio universal, modificándose la circunscripción. En este sentido se ha propuesto sustituir las provincias por las comunidades autónomas. También para potenciar la conexión con éstas, se ha propuesto que la elección de senadores se realice al mismo tiempo que las correspondientes autonómicas.

El Consejo de Estado, en el informe realizado sobre las cuatro propuestas de reforma constitucional planteadas por el Gobierno de Rodríguez Zapatero, propone dos fórmulas para la elección de los senadores. En una de ellas, por la que el Consejo muestra «una moderada preferencia», sería la elección de todos los senadores por sufragio universal, libre, igual, directo y secreto. En este caso, las elecciones se celebrarían simultáneamente con las de las asambleas legislativas autonómicas y las normas reguladoras del escrutinio quedarían encomendadas a la LOREG que, a su vez, podría contener alguna remisión a los Estatutos de autonomía.

Sin embargo, el Consejo de Estado manifiesta su preferencia por la elección de la mayor parte de los senadores por las asambleas legislativas Autonómicas. En este caso se propone que en cada provincia se elija un senador por sufragio universal, libre, igual, directo y secreto, mediante escrutinio mayoritario y siendo elegido, por tanto, el candidato con más votos. La elección coincidiría con las elecciones autonómicas, salvo en el supuesto de disolución del Senado previsto en el artículo 168 CE —con motivo de una reforma constitucional—, en el que coincidiría con las elecciones al Congreso. El resto de los senadores sería elegido por la asamblea legislativa de acuerdo con lo que establezca el Estatuto de autonomía respectivo, que debería asegurar la adecuada representación proporcional.

CAPÍTULO 9

LAS ELECCIONES AUTONÓMICAS

9.1. La mímesis interesada de los legisladores autonómicos

Como ya he señalado, el artículo 152 CE se limita a prever en el esquema institucional de las comunidades autónomas —inicialmente previsto para las históricas y para las que accedieran por la vía del artículo 151, aunque luego extendido a todas ellas a partir de los pactos autonómicos de 1981— la existencia de un asamblea legislativa elegida por sufragio universal mediante un sistema proporcional.

Este sistema ha sido desarrollado las Comunidades autónomas a través de sus estatutos y posteriores leyes electorales. Sólo Cataluña no ha elaborado de momento una ley electoral propia, rigiéndose la elección de su Parlamento por lo dispuesto en la Disposición Transitoria 4.ª de su Estatuto. Esta disposición regula mínimamente algunas cuestiones tales como el número de diputados, la asignación de los mismos a cada circunscripción electoral o las competencias de las juntas electorales. En todo lo demás se remite a las normas vigentes para la elección del Congreso de los Diputados.

La Ley Orgánica de Régimen Electoral General se limita a establecer en su Disposición Adicional 1.ª una serie de artículos de su Título primero que son de aplicación obligatoria en las elecciones autonómicas. Estos artículos hacen referencia a las condiciones generales de ejercicio del derecho de sufragio y a los elementos básicos del procedimiento electoral. Los restantes artículos de dicho Título tienen carácter supletorio de la legislación electoral autonómica.

Todas las leyes electorales autonómicas han optado por reproducir el sistema de elección del Congreso de los Diputados (listas cerradas y bloqueadas, Ley D'Hondt), por lo que sería de aplicación a ellas todo lo que hemos comentado sobre dicho proceso electoral. Ahora bien, como norma general, los Estatutos no regulan ninguna de las dos cuestiones más controvertidas del sistema: el sistema de listas y la fórmula electoral. Sólo el Estatuto andaluz, mediante una previsión que se pretende eliminar en la reforma del mismo actualmente en curso, se remite explícitamente a la normativa electoral vigente para el Congreso de los Diputados (artículo 28.2). Además, sólo los de Canarias (artículo 8.2) y Madrid (artículo 11.4) se refieren explícitamente al voto de lista. Por lo tanto, salvo en estos casos, las reformas de los elementos fundamentales del sistema electoral podrían llevarse a cabo con una simple reforma legislativa.

Además de esta práctica remisión a la normativa vigente para la elección del Congreso de los Diputados, debemos tener presente el elevado grado de «estatalización» de las elecciones autonómicas. La mayoría de los procesos electorales autonómicos se sitúan en un contexto estatal y están muy condicionados por la presencia de las fuerzas políticas dominantes en dicho nivel. A ello ha contribuido por ejemplo la cercanía temporal de las elecciones autonómicas y generales. En principio, las elecciones en trece comunidades se celebraron tan sólo nueve meses antes que las generales (cuatro en el caso catalán). Esta proximidad contribuyó a reforzar la ya de por sí importante dimensión estatal de estos procesos. Ésta ha sido, por ejemplo, una de las críticas constantes de los partidos de la oposición en la Comunidad andaluza —Partido Popular y Partido Andalucista—, en la que desde la convocatoria de 1996 las elecciones autonómicas se han hecho coincidir con las generales. No obstante, la presencia de todos estos factores no ha impedido la aparición de «subsistemas de partidos» en determinadas comunidades, muy especialmente en el País Vasco y Cataluña, en las que la presencia de los partidos nacionalistas ha sido mayoritaria en muchas legislaturas o, en todo caso, decisiva para la formación de gobierno.

Entrando en el análisis de los distintos elementos de los sistemas electorales autonómicos, hay que destacar que las asambleas de las cuatro primeras Comunidades que se constituyeron (País Vasco, Cataluña, Galicia y Andalucía) son más amplias que las de aquéllas cuyos estatutos se aprobaron tras los denominados «pactos autonómicos», con las excepciones de Madrid, Comunidad Valenciana, Castilla y León. En concreto, los parlamentos autonómicos más numerosos son los de Cataluña (135), Andalucía (109) y Madrid (101). Los más reducidos son los correspondientes a algunas Comunidades uniprovinciales: La Rioja (33), Cantabria (39), Murcia y Asturias (45 en ambos casos).

Las Comunidades autónomas pluriprovinciales han elegido las provincias como circunscripciones electorales, mientras que en las uniprovinciales encontramos dos opciones distintas. Cantabria, Madrid, Navarra y La Rioja han establecido una circunscripción única, mientras que Asturias y Murcia han realizado una serie de subdivisiones en su seno: tres en el caso asturiano y cinco en el de Murcia. Las comunidades insulares han tomado como distritos electorales las principales islas integrantes de cada archipiélago. En el caso canario, lo son las islas de Hierro, Fuerteventura, Gran Canaria, Gomera, Lanzarote, La Palma y Tenerife. En Baleares lo son Mallorca, Menorca, Ibiza y Formentera. En general, y a diferencia de lo que sucede con las elecciones al Congreso, predominan las circunscripciones de tamaño mediano y grande, lo cual permite un mayor juego de la proporcionalidad. Frente al índice de desproporcionalidad del 6,7 por ciento que presentan las elecciones al Congreso, en las autonómicas el nivel se sitúa en el 4,9. Ahora bien, hay diferencias sustanciales entre las comunidades: un grupo de ellas presenta un índice de desproporcionalidad por debajo del cuatro (Madrid, Cantabria, La Rioja, Navarra y la Comunidad Valenciana); otras se sitúan entre el cuatro y el seis (Galicia, País Vasco, Aragón, Extremadura, Murcia, Andalucía) y el grupo más desproporcionado se sitúa por encima del seis (Baleares, Castilla y León, Asturias, Castilla-La Mancha y Canarias).

También encontramos diferentes soluciones en cuanto al reparto de escaños en las circunscripciones. Excluidas por razones obvias las cuatro comunidades autónomas de distrito único (Cantabria, Madrid, Navarra, La Rioja), nos encontramos un primer grupo que asigna un número mínimo de diputados a cada circunscripción y el resto lo distribuye en proporción de la población de derecho. Es el caso de Asturias, Castilla-La Mancha, Extremadura, Galicia, Murcia y Castilla y León. En esta última se aplica una ratio de un escaño por cada 45.000 habitantes para los diputados sobrantes. En Andalucía, Aragón y Valencia se pone además un límite máximo a la desproporcionalidad entre provincias. El País Vasco y las comunidades insulares asignan un número fijo de diputados a cada circunscripción. Finalmente, Cataluña pone límites mínimos en Girona, Lleida y Tarragona, y máximo en Barcelona, repartiendo el resto según ratios diferenciales para las primeras (uno por cada 40.000 habitantes) y para la segunda (uno por cada 50.000).

Este reparto origina una desigualdad de voto de los ciudadanos en función del lugar donde voten. Tal y como ha puesto de manifiesto un estudio de Llera Ramos, el voto de un ciudadano canario de la isla de Hierro vale 17,5 veces el de otro de Gran Canaria, el de un alavés cuatro veces el de un vizcaíno, casi lo mismo que el de un balear de la isla de Formentera en relación con otro elector mallorquín, el triple es lo que vale el voto de un turolense respecto de un zaragozano y así sucesivamente, hasta el mínimo de 1,2 de Extremadura.

Todas las leyes electorales autonómicas han previsto unos umbrales mínimos de representación. En general se ha optado por reproducir la barrera prevista para el Congreso, es decir, el 3 por ciento. En un elevado número de casos —País Vasco, Cantabria, Madrid, Murcia, La Rioja, Comunidad Valenciana— se ha elevado dicho umbral al 5 por ciento. En Murcia y Valencia no se computa en cada circunscripción sino en todo el territorio de la comunidad, lo cual hace más difícil la obtención de un escaño. Precisamente ésta ha sido una de las cuestiones más polémicas en el debate de la reforma del estatuto valenciano en la que finalmente, y con la oposición del resto de fuerzas políticas, el PSOE y el PP acordaron eliminar la barrera electoral del 5 por ciento del proyecto de reforma estatutaria y mantenerla en la ley electoral.

Destacar también cómo en Extremadura se establece una barrera del 5 por ciento en cada circunscripción o bien el 5 por ciento en toda la Comunidad. Además se establece una condición, la de presentar candidaturas en dos circunscripciones, que no tiene mucho sentido ya que difícilmente un partido podría participar en la distribución de escaños en una circunscripción en la que no se ha presentado, por más que se haya superado el 5 por ciento en el conjunto de la Comunidad.

En el caso de Canarias, el antiguo artículo 8 del Estatuto de autonomía establecía un umbral alternativo: para poder participar en la distribución de escaños cada candidatura debía haber obtenido, bien el 3 por ciento de los votos emitidos en el conjunto del archipiélago, o bien el 20 por ciento de los votos emitidos en una isla. Esta previsión fue objeto de una polémica reforma a través de la LO 4/96, de 30 de diciembre, de reforma del estatuto de autonomía canario. Esta introdujo en la Disposición Transitoria 1.ª un incremento de la barrera el establecer que sólo serían tenidas en cuenta aquellas listas del partido o coalición que hubieran obtenido el mayor número de votos válidos en su respectiva circunscripción electoral y las siguientes que hubieran obtenido, al menos, el 30 por ciento de votos válidos emitidos en la circunscripción insular o, sumando todas las circunscripciones en donde hubiera presentado candidatura, al menos el 6 por ciento de los votos válidos emitidos. La sentencia del Tribunal Constitucional 225/1998, de 25 de noviembre, estimó que la barrera del 6 por ciento «se sitúa en el límite de lo constitucionalmente tolerable por las peculiaridades propias de una comunidad autónoma insular como la de Canarias» al establecerse otras medidas, como la barrera local del 30 por ciento que permite «la presencia en el Parlamento canario de candidaturas de fuerte implantación insular, aunque con escaso nivel de voto en conjunto de la comunidad autónoma». En la propuesta de reforma del Estatuto canario que actualmente se está debatiendo, el PP y los socialistas canarios han alcanzado un acuerdo para modificar dicho artículo 9. La modificación consistiría en bajar en un 50 por ciento las barreras electorales, dejándolas en un 3 por ciento de los votos válidos emitidos para la lista autonómica y en el 15 por ciento para la circunscripción insular, si bien los partidos o coaliciones que superen el 3 por ciento de la lista autonómica tendrán derecho a que sus votos se computen en las circunscripciones insulares.

En todo caso debemos tener en cuenta que, al igual que sucede en las elecciones generales, dada la reducida magnitud de los distritos y la utilización de la fórmula D'Hondt, y el consiguiente desarrollo de sesgos mayoritarios, la barrera legal prácticamente carece de virtualidad. De la misma manera, los sistemas de partidos resultantes han estado condicionados por dicha fórmula electoral. También en las comunidades autónomas se producen efectos concentradores del sistema de partidos, aunque un poco más atenuados que en las elecciones del Congreso. Es decir, lo normal en los Parlamentos autonómicos es la presencia de dos grandes fuerzas junto a otras menores de carácter normalmente nacionalista o regionalista.

Teniendo en cuenta la configuración de los Parlamentos autonómicos resultante de las últimas elecciones autonómicas celebradas, es fácil constatar dichos datos. En la mayoría de las comunidades predomina un sistema que podemos calificar de «bipartidismo imperfecto» mientras que en sólo cinco de ellas nos encontramos con un «pluralismo moderado». En la mayor parte de las asambleas autonómicas sólo tres fuerzas alcanzan representación y los partidos mayoritarios son los mismos que a nivel estatal, es decir, el PSOE y el PP. Incluso en el Parlamento de Castilla-La Mancha sólo tienen representación esos dos partidos. La tercera fuerza es en algunos casos IU y en otros un partido de carácter regionalista o nacionalista. Una mayor fragmentación se da en las asambleas de Baleares —donde junto al PP y al PSOE tienen representación cinco grupos más—, Canarias —en la que el mayor número de escaños corresponde a Coalición Canaria—, Navarra —con mayoría de Unión del Pueblo Navarro y representación de cinco fuerzas más— o el País Vasco —con 29 escaños de EAJ-PNV/EA, nueve de PCTV-EHAK, tres de EB-IU y uno de ARALAR, junto a los 18 del PSOE y los 15 del PP—. Junto al caso vasco, hay que señalar que en Galicia el BNG, con los 13 escaños obtenidos en las autonómicas de 2005, se convirtió en una fuerza clave para que el PSdG-PSOE formara gobierno uniendo los diputados nacionalistas a sus 25 escaños. De la misma manera, la composición más fragmentada del Parlamento catalán tras las elecciones de noviembre de 2003 —CiU con 46 escaños, PSC con 42, ERC con 23, PP con 15 y ICV-EA con 9— ha condicionado la composición del actual gobierno catalán.

En los procesos de reformas estatutarias iniciados, y salvo las cuestiones apuntadas, no parece que el sistema electoral se halle entre los objetivos prioritarios de las fuerzas políticas. Por ejemplo en la proposición de reforma del Estatuto de Andalucía, aprobada por el Parlamento autonómico el 2 de mayo de 2006, apenas si se introducen novedades en esta materia. Sí cabe señalar que se elimina la remisión al sistema de elección del Congreso de los Diputados y se deja en manos de una ley electoral, que requerirá mayoría absoluta para su aprobación, la regulación de la convocatoria de elecciones, procedimiento electoral, el sistema electoral y la fórmula de atribución de escaños, las causas de inelegibilidad e incompatibilidad, las subvenciones y gastos electorales y el control de los mismos. Por lo tanto, a partir de la entrada en vigor de este nuevo Estatuto, el legislador andaluz podría optar por una fórmula electoral distinta a la prevista en el Congreso.

El proyecto de Estatuto contiene dos previsiones novedosas. Por una parte, obliga al legislador electoral a establecer criterios de igualdad de género para la elaboración de las listas electorales. Una previsión que recoge un criterio ya establecido en la reforma de la ley electoral realizada en 2005. Por otra, se ordena a la ley electoral que regule la obligación de los medios de comunicación de titularidad pública de organizar debates electorales entre las formaciones políticas con representación parlamentaria.

El proyecto también incluye, copiando literalmente el artículo 23 CE, la proclamación de un genérico derecho de los andaluces —suponemos también que de las andaluzas— a participar en condiciones de igualdad en los asuntos públicos de Andalucía, directamente por medio de representantes, en los términos que establezca este estatuto y la ley. Este derecho se concreta a su vez en cuatro: el derecho a elegir a los miembros de los órganos representativos y a ser candidato; el derecho a promover y presentar iniciativas legislativas ante el Parlamento de Andalucía y a participar en la elaboración de leyes, directamente o por medio de entidades asociativas, el derecho a promover la convocatoria de consultas populares por la Junta de Andalucía o por los Ayuntamientos y el derecho de petición individual y colectiva.

Un artículo similar se incluye en la propuesta de reforma estatutaria catalana aprobada definitivamente por las Cortes Generales el 12 de mayo de 2006. En cuanto al sistema de elección del Parlamento catalán, la propuesta dispone el mínimo y máximo de diputados (100 y 150), así como la opción por un sistema proporcional. Hay una remisión del régimen electoral a una ley que deberá aprobarse por mayoría de dos tercios. En esta ley, como también ha previsto la reforma andaluza, deberán establecerse criterios de paridad entre mujeres y hombres para la elaboración de las listas electorales.

Por su parte en la reforma del Estatuto valenciano, aprobada definitivamente por las Cortes de dicha comunidad el 27 de marzo de 2006, se realiza una remisión a una ley electoral que determinará el número de diputados de las Cortes valencianas y que atenderá a criterios de proporcionalidad «y, en su caso, de comarcalización». Dicha ley deberá ser aprobada por una mayoría de dos tercios y habrá de garantizar un mínimo de veinte diputados por cada provincia, distribuyéndose el resto en función de la población de cada circunscripción según criterios de proporcionalidad, de manera que la desproporción que establezca el sistema resulte siempre inferior a la relación de uno a tres.

No es de extrañar que las reformas sustanciales de las reglas electorales sigan sin estar entre las prioridades de los legisladores autonómicos. Es evidente que los partidos que han resultado beneficiados a lo largo de estos años por la aplicación de una fórmula mimética a la del Congreso no tengan mucho interés en introducir cambio alguno. No deberíamos olvidar que los mismos partidos que diseñaron el sistema de elección del Congreso fueron los que se encargaron de reproducirlo a nivel autonómico. En todo caso, no estaría de más aprovechar estas reformas para ensayar alguna de las propuestas de reforma que sería más difícil introducir a nivel estatal. Igualmente deberían introducirse elementos que contribuyeran a reforzar la «autonomía» de estos procesos de manera que, en la medida posible, no quedaran condicionados por los debates e intereses puramente estatales. Creo que en este sentido sería deseable que los procesos electorales autonómicos no coincidieran con los estatales. En todo caso, la resistencia de los partidos a cambiar un sistema que los beneficia, así como a modificar unas dinámicas determinadas en gran medida por las reglas electorales vigentes a nivel general, no permiten alumbrar muchas esperanzas de reforma en un futuro cercano.

9.2. Un acierto: la previsión de cuotas electorales femeninas en las leyes autonómicas

Este año se cumplen 75 años de la extensión del derecho de sufragio a las mujeres en la Constitución republicana de 1931. Una conquista, debida en gran medida al empeño de una mujer como Clara Campoamor que defendió dicha extensión en unas Cortes Constituyentes poco favorables a la misma, que supuso la ruptura con una larga historia en la que a la mujer se le había negado el estatuto de «ciudadana». Una conquista que abría un periodo de esperanzas para las mujeres españolas, lamentablemente truncadas por la Guerra Civil y por la larga dictadura franquista. Hubo que esperar a la Constitución de 1978 para que se retomara el hilo perdido del 31 y se pusieran las bases jurídicas para lograr una igualdad real de hombres y mujeres.

A pesar de todos los avances realizados en estos 30 años de sistema constitucional, es curioso comprobar cómo el derecho de sufragio de las mujeres sigue estando en el centro de los debates políticos y jurídicos. Y es que, años después de haberlo conquistado como derecho fundamental, las mujeres siguen encontrando dificultades para ejercer en condiciones de igualdad la vertiente pasiva del derecho, es decir, el derecho a acceder en condiciones de igualdad a los cargos públicos representativos. Un derecho cuyo ejercicio está regulado por el legislador electoral y condicionado, no sólo por los partidos políticos que prácticamente monopolizan la presentación de candidaturas, sino también por una realidad social y política que aún hoy sigue poniendo obstáculos en el acceso de la mujer a la vida pública. De ahí la necesidad de adoptar medidas de acción positiva que, al amparo del mandato del artículo 9.2 CE, el cual obliga a los poderes públicos a conseguir la igualdad real de los ciudadanos y ciudadanas, remuevan esos obstáculos y permitan que los órganos de representación sean progresivamente más paritarios. De hecho, el significativo aumento de la presencia de mujeres tanto en el Parlamento central como en los autonómicos se ha debido a la aplicación por parte de partidos como el PSOE o IU de algún tipo de acción positiva en la configuración de sus candidaturas. Ello es lo que ha permitido que, por ejemplo, en la actual legislatura el porcentaje de diputadas haya ascendido del 28,29 por ciento hasta el 36 por ciento. El mayor número de mujeres corresponde a aquellos partidos que aplican algún tipo de cuota: 46,30 por ciento (Grupo Socialista) y 40 por ciento (Grupo IU-ICV). Esta media sube hasta el 37,03 por ciento en las cámaras autonómicas, destacando la composición del Parlamento vasco en el que las mujeres superan por primera vez en la historia a los hombres (52 por ciento). Una consecuencia directa de la aplicación de la Ley de Igualdad que a continuación comentaré.

Hay que destacar cómo la presencia de mujeres en el Senado es mucho menor. De un total de 208 senadores electos, sólo hay 54 senadoras, y de los 50 designados por las Comunidades autónomas sólo encontramos 7 mujeres. Como han demostrado numerosos estudios, los sistemas mayoritarios y de listas abiertas resultan más perjudiciales para la elección de mujeres, entre otras razones porque los partidos siguen prefiriendo la inclusión de hombres en las candidaturas y porque el elector suele optar por un candidato varón.

En otros ámbitos, la presencia de la mujer alcanza unos porcentajes menores. Por ejemplo sólo hay un 27,35 por ciento de concejalas en la totalidad de los municipios españoles. Estos porcentajes se reducen aún más en los niveles de gobierno: sólo hay un 12,48 por ciento de mujeres alcaldesas, un 5,26 por ciento de presidentas autonómicas y un 28,57 por ciento de consejeras. Como sabemos en el gobierno central hay una presencia paritaria de hombres y mujeres, al igual que sucede en el ejecutivo andaluz. En ambos casos se trata de la puesta en práctica del programa político del PSOE en esta materia.

En este contexto hay que situar las reformas legislativas planteadas en algunas comunidades autónomas, las cuales han sido las primeras en introducir en nuestro país determinados mecanismos de reservas en las candidaturas con el objeto de conseguir un mayor presencia de mujeres en los respectivos parlamentos. La reforma más reciente en este sentido ha sido la de la ley electoral andaluza. La Ley 5/2005, de 8 de abril, por la que se modifica la Ley 1/1986, de 2 de enero, Electoral de Andalucía, introdujo la obligatoriedad de las cuotas en el apartado 1 del artículo 23: « La presentación de candidaturas, en la que se alternarán hombres y mujeres, habrá de realizarse entre el decimoquinto y el vigésimo día posteriores a la convocatoria, mediante listas que deben incluir tantos candidatos como escaños a elegir por cada circunscripción y, además, cuatro candidatos suplentes, expresándose el orden de colocación de todos ellos, *ocupando los de un sexo los puestos impares y los del otro los pares*».

De esta forma, el legislador andaluz seguía los precedentes de otros legisladores autonómicos que con anterioridad habían previsto algún sistema de cuota electoral femenina. En concreto ya lo habían previsto el artículo 16.4 de la ley del Parlamento balear 8/1986, de 26 de noviembre, electoral de la comunidad autónoma, en la redacción dada por el artículo 1 de la Ley balear 6/2002, de 21 de junio («Con la finalidad de hacer efectivo el principio de igualdad en la participación política, las candidaturas electorales deberán contener una presencia equilibrada de hombres y mujeres. Las listas se integrarán por candidatos de uno y otro sexo ordenados de forma alternativa»), así como el artículo 1 de la Ley de las Cortes de Castilla-La Mancha 11/2002, de 27 de junio, que añadió un nuevo apartado 1 bis al artículo 23 de la Ley regional 5/1986, de 23 de diciembre, electoral de Castilla-La Mancha. («Para garantizar el principio de igualdad en la representación política, las candidaturas que presenten los partidos políticos, federaciones, coaliciones o agrupaciones de electores, alternarán hombres y mujeres, ocupando los de un sexo los puestos pares y los del otro los impares. La Junta Electoral sólo aceptará aquellas candidaturas que cumplan este precepto tanto para los candidatos como para los suplentes».)

También la Ley vasca 4/2005, de 18 de febrero, para la igualdad de mujeres y hombres ha previsto una reserva de puestos para las mujeres en las candidaturas, si bien el sistema elegido es distinto al de las leyes anteriores. En concreto, la Disposición Final Cuarta de la Ley 4/2005 añade un párrafo al artículo 50 de la Ley 5/1990, de 15 de junio, de elecciones al Parlamento vasco, con el siguiente tenor: «Las candidaturas que presenten los partidos políticos, federaciones, coaliciones o agrupaciones de personas electoras estarán integradas por al menos un 50 por ciento de mujeres. Se mantendrá esa proporción en el conjunto de la lista de candidatos y candidatas y en cada tramo de seis nombres. Las Juntas Electorales del territorio histórico competentes sólo admitirán aquellas candidaturas que cumplan lo señalado este artículo tanto para las personas candidatas como para los suplentes».

Todas estas disposiciones fueron aprobadas en sus respectivos parlamentos con la oposición de los diputados y diputadas del Partido Popular, los cuales no tardaron en recurrir ante el Tribunal Constitucional todas y cada una de estas reformas legislativas. En concreto, las leyes de Baleares y de Castilla-La Mancha fueron recurridas por el presidente del Gobierno. La invocación del artículo 161.2.c CE provocó la suspensión de los preceptos impugnados desde la fecha de interposición del recurso (27 de septiembre de 2002).

La interposición del correspondiente recurso de inconstitucionalidad contra algunos de los artículos de la Ley vasca 4/2005, llevada a cabo por un grupo de diputados y diputadas del Congreso a finales de mayo de 2005, no impidió la aplicación de las cuotas previstas en la reforma de la ley electoral en las elecciones autonómicas celebradas el 17 de abril. Dicho mecanismo permitió que el actual Parlamento vasco esté constituido, por primera vez en su historia y en la de todas las cámaras legislativas de España, por un número mayor de mujeres (39) que de hombres (36). Finalmente, la reforma de la ley electoral andaluza fue recurrida ante el Tribunal Constitucional el 15 de julio de 2005 por un grupo de más de 50 diputados y diputadas del Grupo Popular en el Congreso.

Todos los recursos presentados por el PP se apoyan básicamente en tres argumentos:

1.º La vulneración de la reserva de ley orgánica que, de acuerdo con los artículos 81.1 CE, impide que la regulación del derecho de sufragio pasivo, en cuanto elemento del «régimen electoral general», se lleve a cabo por el legislador autonómico. A dicha reserva habría que añadir la competencia exclusiva que, de acuerdo con el artículo 149.1.1, corresponde al Estado en orden a regular las condiciones básicas que garanticen la igualdad de todos los españoles y españolas en el ejercicio de sus derechos.

2.º La vulneración del principio de igualdad ante la ley y no discriminación por razón de sexo (artículo 14 CE) y del derecho de acceso a los cargos públicos «en condiciones de igualdad» (artículo 23.2 CE).

3.º La «invasión» de la libre actividad de los partidos (artículo 6 CE).

Voy a empezar analizando el segundo de los argumentos ya que en él se hallan las claves para defender la constitucionalidad, y por supuesto la oportunidad, de este tipo de medidas. De entrada, los recursos planteados parten de un error fundamental: la consideración de las mujeres como «una categoría» o «segmento social». Defienden los populares que «la categoría de ciudadano, a efectos de elegibilidad, es una e indivisible y el legislador tiene prohibido crear diferencias internas dentro de cada categoría». Por lo tanto, «el legislador electoral debe ser neutral respecto al sexo, raza, edad o religión, teniendo vedada toda discriminación, negativa o positiva, basada en tales circunstancias». De lo contrario podría producirse el peligro de la denominada «pendiente deslizante», es decir, la extensión de las cuotas a cualquier grupo o colectivo.

Estos argumentos desconocen un hecho evidente: las mujeres no son un grupo social. Son justamente más de la mitad de la población. El pueblo soberano se divide inevitablemente en hombres y mujeres. Obviamente, dentro de las mujeres encontramos también jóvenes, ancianas, discapacitadas, inmigrantes…, pero ellas son la mitad de la ciudadanía y, por tanto, es legítimo procurar que los órganos de representación respondan en la medida de lo posible a esta realidad. Todos sabemos que la situación de histórica subordinación de la mujer ha impedido que ésta se incorpore a dichos órganos de la misma manera que el hombre, el cual, sin ningún tipo de discusión, ha ocupado desde hace siglos una cuota del 100 por cien en todos los cargos de representación. Por lo tanto, se trata de poner fin a una marginación histórica que fue olvidada por el proyecto ilustrado en el que teóricos como Rousseau, Kant o Hegel defendieron la exclusión de las mujeres del ámbito público.

Este argumento parece además sostener que las mujeres no pueden defender intereses generales sino sólo los propios del «segmento social» al que pertenecen. El mismo argumento podríamos utilizar con respecto a los varones y echaríamos por tierra todos los siglos de su monopolio representativo. Es decir, cuando se defiende una mayor presencia de las mujeres en los órganos representativos no se está pretendiendo conseguir «un cuerpo representativo sectorializado». Lo que se pretende es conseguir unos órganos más democráticos en la medida en que van a responder de manera más equilibrada a una realidad que es paritaria. En cuanto que pervivan obstáculos que dificultan que las mujeres accedan en las mismas condiciones que los varones a los cargos públicos —«en condiciones de igualdad» dice literalmente el artículo 23.2 CE—, es totalmente legítimo adoptar medidas que ayuden a superar dichas barreras. A esta finalidad responden las cuotas. Éstas, en cuanto medidas de discriminación positiva, han de entenderse como de carácter temporal, revisables periódicamente y que, en todo caso, dejarán de aplicarse cuando los obstáculos que impiden la igualdad real hayan desaparecido.

Por todo ello, las normas recurridas deben entenderse como una exigencia de la propia Constitución. La protección de la mujer, y en concreto la prohibición de discriminación por razón de sexo a la que alude el artículo 14 CE, es la que legitima la adopción de estas medidas. Una lectura conjunta de los artículos 14 CE y 9.2 CE, a los que habría que unir el 10.1 CE, legitima la adopción por parte de los poderes públicos de acciones positivas que favorezcan a aquellos sujetos que, de acuerdo con los criterios del artículo 14, han sido y siguen siendo objeto de algún tipo de discriminación. Debemos recordar parte de la argumentación del Tribunal Constitucional en la sentencia 269/94, en la que avaló la constitucionalidad de la reserva de plazas para discapacitados en el acceso a la función pública. En dicha sentencia se afirmó que la cuota posibilita «la igualdad sustancial de sujetos que se encuentran en condiciones desfavorables de partida para muchas facetas de la vida social en las que está comprometido su propio desarrollo como persona».

Estas acciones cumplen perfectamente los requisitos que el Tribunal Constitucional, siguiendo la jurisprudencia del Tribunal Europeo de Derechos Humanos, ha exigido para una aplicación diversa del derecho. Es decir, hay razones objetivas que justifican la ruptura de la igualdad formal ante la ley y existe proporcionalidad entre la medida y la finalidad perseguida. Aunque claro, tampoco podemos olvidar, que esta argumentación acaba siendo un razonamiento político y no jurídico. Es decir, la valoración de la situación de desigualdad de las mujeres y de las medidas necesarias para su superación será siempre de carácter político por más que se la pretenda revestir de una argumentación jurídica. Ahí reside la polémica que genera la adopción de este tipo de medidas.

Estos argumentos nos llevan a su vez a los que tienen que ver con la actividad de los partidos. A nadie se le escapa que los partidos han sido tradicionalmente, y lo siguen siendo, maquinarias dominadas por una oligarquía masculina. Basta con repasar el número de mujeres afiliadas o la presencia de éstas en sus órganos de dirección y en las instancias de liderazgo. Es decir, los partidos reproducen los esquemas dominantes en la sociedad y, por ello, también es necesario incidir en ellos para que transformen lo que han sido sus estructuras tradicionales. De hecho determinadas formaciones, como el PSOE o IU, ya han adoptado medidas de discriminación positiva de las mujeres en sus normativas internas. Por ello también creo rebatible el argumento utilizado en los recursos del PP, según el cual las cuotas obligatorias invaden constitucionalmente la esfera de libre actividad de los partidos políticos. No deberíamos olvidar que el artículo 6 CE, y lo reitera el artículo 7 de la LO 6/2002, de 27 de junio, de Partidos Políticos, exige que la estructura interna y el funcionamiento de los partidos ha de ser democrático. Basta, pues, con asumir de una vez por todas que la igualdad de hombres y mujeres es un valor constitucional, un principio democrático que ha de limitar la libre actividad de los partidos y que estos están obligados a promover todas las medidas necesarias para conseguir dicho objetivo. Asumido este principio, las cuotas serían, no un límite, sino una exigencia para cualquier partido democrático. Por ello la restricción de la elegibilidad que las normas comentadas plantean no ofrece ninguna duda de constitucionalidad. Las reformas cuestionadas no alteran la condición de elegible ni añaden ninguna exigencia a las que establece el legislador electoral. Simplemente se limitan a reconocer que el elector no es un ser asexuado y neutro sino que es hombre o mujer. Algo que durante mucho tiempo la «cuota masculina», que de manera implícita se ha venido aplicando, desconocía ya que ésta sí que exigía para ser elegible el pertenecer al sexo masculino.

Por otra parte, no podemos olvidar que, como hemos visto, el mismo acto de presentación de candidaturas ya está sometido a determinadas limitaciones por el propio legislador. Es decir, el derecho a presentarse como candidato no es ilimitado. Además de los requisitos formales establecidos por el artículo 46 de la LOREG, el legislador prevé, como hemos visto, una serie de limitaciones del derecho de sufragio pasivo desde el momento en que considera que determinadas posiciones institucionales pueden condicionar la libertad del elector y podrían incidir negativamente en el ejercicio del cargo público representativo. De ahí el establecimiento de un largo listado de inelegibilidades en el artículo 6 LOREG así como en las correspondientes leyes electorales autonómicas, además de los supuestos de incapacidad electoral. Por otra parte no podemos olvidarnos de que la citada LO 6/02 de Partidos Políticos establece unas más que discutibles limitaciones del derecho de sufragio pasivo, justificadas por el objetivo de luchar contra el terrorismo y de defender los valores constitucionales frente a aquellos que pueden ponerlos en peligro. En definitiva, todas estas previsiones responden a la capacidad del legislador para establecer determinados requisitos del ejercicio del derecho de acceso a los cargos públicos (artículo 23.2 CE). De ahí que no me parezca constitucionalmente discutible que el legislador pueda establecer como requisito en la presentación de candidaturas que éstas, además de por ejemplo no incluir personas que se consideren vinculadas a partidos políticos declarados ilegales y disueltos (artículo 44.4 LOREG), deban respetar en su composición unos determinados porcentajes que permitan una presencia equilibrada de hombres y mujeres. Unas reservas que deberían establecerse en una necesaria reforma de la Ley Orgánica de Régimen Electoral que incorpore en su articulado el principio de «democracia paritaria». Sin olvidar, no obstante, que la plena igualdad de hombres y mujeres necesita no sólo de acciones positivas como las aplicables en las candidaturas, sino de una actuación transversal que incida en todas las políticas públicas con el objetivo de transformar unas estructuras sociales basadas en la diferencia jerárquica entre hombres y mujeres.

Estas previsiones se recogen en el Anteproyecto de Ley Orgánica de Igualdad entre Mujeres y Hombres, aprobado por el Consejo de Ministros de 6 de marzo de 2006. En este ambicioso texto, en el que se contempla una extensa batería de medidas dirigidas a hacer efectivo el principio de igualdad de trato y la eliminación de toda discriminación contra la mujer en cualquier ámbito de la vida o actuación pública o privada, se prevé una reforma de la LOREG con el objetivo de garantizar una composición equilibrada de ambos sexos en las listas electorales. El criterio elegido por el gobierno ha sido el de marcar el porcentaje del 40 por ciento como el mínimo que deben cubrir los candidatos de ambos sexos en una lista electoral. Es decir, cada sexo no podrá tener en una lista una presencia mayor del 60 por ciento ni menor del 40 por ciento. Esperemos que en la tramitación parlamentaria del proyecto ésta no sea una de las previsiones recortadas o, en el peor de los casos, eliminada. Ojalá que el peso de las estructuras patriarcales todavía vigentes, y tan enraizadas en la dinámica y en la organización de los partidos, no impida la imposición por ley de una medida tan necesaria para la consecución de la igualdad real de los ciudadanos y ciudadanas.

CAPÍTULO 10

LAS ELECCIONES AL PARLAMENTO EUROPEO

La construcción política de Europa se ha ido forjando sobre la base de una ciudadanía conformada como un estatuto jurídico que implica el reconocimiento de una serie de derechos y libertades. Una vez más, y tal como ha sido lo habitual en los Estados-nación, la ciudadanía europea se ha construido sobre la base de la nacionalidad: son ciudadanos de la Unión los que posean la nacionalidad de alguno de los Estados miembros. De nuevo la ciudadanía opera como concepto excluyente: todos los que no posean el requisito de la nacionalidad, aunque residan en algún Estado europeo, carecerán de las libertades asociadas a la ciudadanía. Esta exclusión provoca una división de los extranjeros en dos categorías: los comunitarios, con un estatuto privilegiado, y los «extracomunitarios» a los que no se les reconoce el mismo catálogo de derechos.

La Unión Europea reconoce a sus ciudadanos dos derechos políticos fundamentales, ambos recogidos en el título V de la parte II del Tratado por el que se establece una Constitución para Europa. De una parte, el ya comentado derecho de sufragio activo y pasivo en las elecciones municipales. De otra, el derecho de sufragio activo y pasivo en las elecciones al Parlamento europeo en el Estado miembro en que se resida, en las mismas condiciones que los nacionales de dicho Estado.

Las condiciones para el ejercicio de este derecho se hallan reguladas en el título VI de la LOREG, el cual fue introducido por una reforma realizada en 1987. De esta regulación cabe destacar la ampliación de la titularidad del derecho de sufragio en los términos comentados: no sólo pueden votar los españoles sino que también podrán hacerlo los ciudadanos comunitarios que gocen del derecho de sufragio activo en el Estado miembro del que procedan. Para que estos puedan votar, deberán haber optado previamente en tal sentido. Es decir, no cabe que voten en su Estado de procedencia y en España. La misma extensión se produce con respecto al sufragio pasivo.

Estas elecciones, que se celebran cada cinco años, son convocadas por real decreto expedido con el refrendo del presidente del Gobierno y previa deliberación del Consejo de Ministros. Otras especialidades del procedimiento son que la presentación y proclamación de candidaturas se lleva a cabo por la Junta Electoral Central, que el escrutinio lo realizan las provinciales y a nivel nacional la Central, y que es el Tribunal Supremo el competente para resolver los recursos contencioso electorales que se planteen.

En cuanto al número de diputados a elegir en nuestro país, el artículo 215 LOREG remite a lo que disponga el ordenamiento jurídico europeo. En las últimas europeas, que se celebraron en junio de 2004, España eligió 54 diputados. Debemos recordar cómo esta fue una de las cuestiones más polémicas en el proceso de negociación del Tratado Constitucional Europeo. Un proceso en el que los debates más intensos estuvieron relacionados con el peso de cada Estado en las diferentes instituciones comunitarias. Finalmente, no se llegó a un acuerdo definitivo sobre el número de diputados a elegir por cada país y se decidió que, con suficiente antelación a la próxima cita electoral, que será en 2009, el Consejo europeo adoptaría por unanimidad, a propuesta del Parlamento, una decisión en torno a este tema. Una decisión que estará condicionada, además de por los «equilibrios de fuerzas» de los diferentes Estados, por la incorporación de nuevos miembros.

El legislador optó por extender también a estas elecciones la fórmula utilizada para el Congreso, si bien con dos diferencias sustanciales: todo el territorio nacional constituye una única circunscripción y no se aplica la barrera electoral del 3 por ciento. Debemos señalar que en el proyecto de reforma del Estatuto aprobado por el Parlamento catalán se incluyó la configuración de Cataluña como circunscripción para las elecciones al Parlamento europeo.

Una opción que, como era de esperar, fue rechazada en la negociación del texto en el Congreso de los Diputados.

Estos factores deberían contribuir en principio a que los resultados de estas elecciones fueran más proporcionales que en otras. Sin embargo, no ha sido así en la práctica. A diferencia de lo sucedido en otros países europeos, en los que estas elecciones han permitido que fuerzas políticas sin representación en sus respectivos parlamentos lleguen al europeo, en nuestro país no se ha producido el acceso de fuerzas políticas menores. Varios factores han contribuido a ello. De entrada, la participación en estas elecciones siempre ha sido menor que en otros procesos. Los ciudadanos han tendido a considerarlas como «de segunda orden», sin duda influenciados por el escaso papel que hasta el momento ha tenido el Parlamento en el conjunto de las instituciones de la Unión y por la distancia con la que se ha ido viviendo el proceso de construcción europea. En muchos casos, y dadas las fechas de su celebración, el electorado las ha vivido casi como unas elecciones «primarias» de las generales próximas a celebrarse, de manera que lo habitual haya sido que de ellas se haya hecho una lectura interna. Esta ubicación de las elecciones al Parlamento europeo en contextos políticos internos llegó a su máxima expresión en las celebradas el 13 de junio de 1999, fecha en la que coincidieron con las locales, con las autonómicas de 13 comunidades y con las de las asambleas de Ceuta y Melilla. Una coincidencia temporal que requirió de una reforma de la LOREG que fue llevada a cabo por la LO 3/98, de 15 de junio.

Las últimas elecciones europeas celebradas tuvieron en nuestro país un carácter distinto dado el contexto en el que se celebraron. Al tener lugar pocos meses después de la victoria del PSOE en las generales del 11 de marzo de 2004, las europeas fueron una especie de «reválida» en las que el partido en el gobierno trató de confirmar su posición mayoritaria. Sin embargo la distancia entre el PSOE y el PP fue escasa: mientras que el primero fue respaldado por un 43,46 por ciento de los votos y obtuvo 25 diputados, el PP alcanzó un 41,21 por ciento y 24 diputados. Con respecto a la participación en este proceso, y tal como ha venido siendo lo habitual en las elecciones europeas, la abstención alcanzó el 54,86 por ciento. Un nivel, por cierto, mucho menor que en otros países europeos donde la escasa participación en estos procesos ha llegado a ser preocupante y ha llevado a poner en duda la legitimidad del proceso de construcción política europea. Y es que los niveles de participación en estas elecciones han ido descendiendo progresivamente en todos los países europeos. Mientras que en 1979 la participación alcanzó el 63 por ciento y el 61 por ciento en 1984, posteriormente los porcentajes fueron decreciendo: 58,5 por ciento (1989), 56,8 por ciento (1994), 49,8 por ciento (1999) y 45,6 por ciento (2004).

Por otra parte, el elector suele votar por las opciones mayoritarias, por lo que los partidos minoritarios siguen teniendo más dificultades para obtener representación. De ahí que en algunas convocatorias hayan recurrido a coaliciones para tener más posibilidades de obtener algún escaño. Por ejemplo, en las elecciones al Parlamento europeo celebradas en junio de 2004 obtuvieron representación las coaliciones GALEUSCA-Pueblos de Europa, de la que formaban parte, entre otros, PNV, BNG y CIU, y la denominada Europa de los Pueblos, que fue el resultado de un pacto entre partidos como ERC, EA, la Chunta Aragonesista o el Partido Socialista Andaluz. La primera obtuvo dos diputados y la segunda sólo uno. Junto a ellas, IU fue la cuarta fuerza en obtener representación con la obtención de dos escaños.

Para tratar de contrarrestar esa «lectura» nacional y para darle una mayor legitimidad al Parlamento europeo, se han hecho diferentes propuestas en las últimas décadas en el sentido de establecer un procedimiento electoral uniforme en todos los países. Un proyecto que no ha llegado a cuajar dada la resistencia de los Estados a cambiar sus «culturas electorales» y a la dificultad de lograr un acuerdo mínimo sobre unas reglas electorales uniformes. Por ejemplo, el proyecto de procedimiento electoral del Parlamento europeo aprobado por la resolución del 15 de julio de 1998 puso de manifiesto las discrepancias entre los Estados en cuestiones como la fórmula electoral, la imposición de un umbral mínimo de votos para participar en el reparto de escaños, la apertura de las listas o la propuesta de listas europeas en una circunscripción única para todos los países. De hecho, el Tratado Constitucional Europeo se remite a una futura ley o ley marco del Consejo que será la encargada de establecer las medidas necesarias para hacer posible la elección de los diputados al Parlamento europeo por un procedimiento uniforme en todos los Estados miembros o de acuerdo con principios comunes a todos ellos (artículo III-330). La situación de *impasse* del tratado y la incorporación de nuevos Estados no hacen augurar muchas esperanzas sobre ese proyecto y, en definitiva, sobre el reto de construir un espacio público europeo.

CAPÍTULO 11

LAS ELECCIONES LOCALES

11.1. La elección de los concejales

La Constitución reconoce en su artículo 140 la autonomía política de los municipios. Es decir, el texto constitucional reconoce que estos son entidades políticas y no meramente administrativas en la medida en que están regidas por órganos representativos elegidos por los ciudadanos. Unos órganos que, además, están capacitados para desarrollar una serie de políticas que, en el marco de sus competencias, serán diversas en función de las directrices que marque la mayoría gobernante. No en vano el artículo 140 habla no sólo de «Administración» sino también de «gobierno» al referirse a las competencias de los Ayuntamientos.

El constituyente español se limitó a establecer unas pautas muy generales de la organización de los municipios. El artículo 140 dispone que el gobierno y administración de los municipios corresponde a sus respectivos Ayuntamientos, integrados por los alcaldes y los concejales. Con respecto a estos, únicamente se prevé su elección por los vecinos del municipio mediante sufragio universal, igual, directo y secreto, en la forma establecida por la ley. En relación con los alcaldes se abre una doble posibilidad: su elección por los concejales o por los vecinos.

La regulación del modelo organizativo de los municipios se halla en la Ley Reguladora de las Bases de Régimen Local de 1985 (en adelante, LRBRL), a la que habría que añadir las leyes autonómicas que han regulado las entidades locales de sus respectivos territorios y, en última instancia, los reglamentos orgánicos en los que cada municipio ha tenido la oportunidad de concretar o completar determinados aspectos de su organización interna.

El artículo 20 LRBRL establece como órganos necesarios en todos los Ayuntamientos el Alcalde, los tenientes de Alcalde y el Pleno. Previamente, el artículo 19, y de acuerdo con el artículo 140 CE, atribuye el gobierno y la administración municipal, salvo en aquellos municipios que legalmente funcionen en régimen de concejo abierto, al Ayuntamiento, integrado por el Alcalde y los concejales. Éstos serán elegidos por los vecinos del municipio mediante sufragio universal, igual, libre directo y secreto. El conjunto de los concejales elegidos por los vecinos constituye el Pleno, que es el órgano municipal en el que concurren las diferentes opciones políticas del municipio y que, a su vez, es el encargado de elegir al alcalde. De esta manera se ha venido ha configurar un sistema de gobierno que podríamos calificar de «parlamentario» por la similitud que encontramos con lo previsto para el presidente de la nación o los autonómicos. El Alcalde es elegido por el Pleno y a partir de ese momento se establece entre ellos una relación de «confianza» propia de un sistema parlamentario. El Pleno es el órgano de representación de las diferentes opciones políticas, y por tanto el gran órgano de debate municipal. Además le corresponde controlar la actividad que desarrolla el Alcalde y el correspondiente «ejecutivo municipal». Incluso el legislador ha previsto, por cierto en la misma LOREG, los dos instrumentos de control propios de un sistema parlamentario: la moción de censura y la cuestión de confianza. El único instrumento típico de un sistema parlamentario del que no dispone el Alcalde es la posibilidad de disolución anticipada del Pleno. Éste se halla obligado a agotar su mandato de cuatro años. Por lo tanto, las elecciones municipales tienen un calendario fijo: se celebran siempre el cuarto domingo del mes de mayo (artículo 42.3 LOREG). Esta opción responde al objetivo de estabilidad de los gobiernos locales y de evitar una multiplicación excesiva de los procesos electorales. Si bien es cierto que esta medida puede coadyuvar a evitar una permanente inestabilidad en el ámbito local, la misma también desconoce las dificultades con que con frecuencia puede hallarse una corporación local para agotar su mandato. Piénsese en el supuesto de una corporación con apoyo minoritario en el Pleno pero en la que la oposición no es capaz de apoyar un equipo de gobierno alternativo.

El legislador sólo ha contemplado una posibilidad excepcional de disolución de las corporaciones locales antes de que finalicen su mandato de cuatro años. Un instrumento que se ha utilizado recientemente tras la encarcelación de la alcaldesa y de varios miembros del Ayuntamiento de Marbella como consecuencia de su implicación en diferentes actuaciones delictivas. La ley prevé que, en el caso de que un Ayuntamiento esté llevando a cabo una gestión gravemente dañosa para los intereses generales y la misma suponga un incumplimiento de sus obligaciones constitucionales, el Consejo de Ministros, a iniciativa propia y con conocimiento del Consejo de Gobierno autonómico o a solicitud de éste y, en todo caso, previo acuerdo favorable del Senado, podrá proceder mediante real decreto a la disolución de los órganos de la corporación local (artículo 61 LRBRL). La Ley Orgánica 1/2003 añadió un párrafo a dicho artículo según el cual se consideran, en todo caso, decisiones gravemente dañosas para los intereses generales en los términos previstos en el apartado anterior, los acuerdos o actuaciones de los órganos de las corporaciones locales que den cobertura o apoyo, expreso o tácito, de forma reiterada y grave, al terrorismo o a quienes participen en su ejecución, lo enaltezcan o justifiquen, y los que menosprecien o humillen a las víctimas o a sus familiares. Una vez acordada la disolución, deberá procederse a la convocatoria de elecciones parciales para la constitución de una nueva corporación en el plazo de tres meses, salvo que por fecha en que ésta debiera constituirse, el mandato de la misma hubiese de resultar inferior a un año. Mientras se constituye la nueva corporación, la administración ordinaria corresponderá a una Comisión Gestora nombrada por la diputación provincial o, en su caso, por el órgano competente de la comunidad autónoma correspondiente (artículo 183 LOREG).

En el caso del Ayuntamiento de Marbella, el Consejo de Ministros procedió a la disolución de la corporación a petición del

Gobierno andaluz. Acto seguido se procedió a nombrar una Comisión Gestora por la diputación provincial de Málaga. El Consejo de Ministros estimó que no era posible la celebración de elecciones anticipadas ya que no se cumplían los plazos establecidos por el artículo 183 LOREG ya que el año próximo han de celebrarse en el mes de mayo elecciones municipales. Esta consideración fue objeto de polémica ya que el PP entendía que había que convocar inmediatamente elecciones. El Gobierno, ante las dudas planteadas, solicitó un informe al Consejo de Estado, el cual dictaminó que, de acuerdo con la ley, no cabía en este caso convocar elecciones anticipadas.

La Constitución remite al legislador la regulación de la elección de los concejales. El artículo 19.2 LRBRL lo hace en concreto al legislador electoral. La Ley Orgánica de Régimen Electoral General regula las elecciones municipales en su título III, siguiendo el precedente de la Ley 39/78, del 17 de julio, de elecciones locales. En esta ley, que se aprobó por la necesidad de contar con un instrumento normativo que permitiera la renovación democrática de los Ayuntamientos, ya estaban presentes los elementos esenciales del régimen electoral local incorporado posteriormente a la ley electoral general. Una solución demasiado rígida que obliga a un tratamiento uniforme cuando las condiciones de los municipios españoles son muy diversas. Debemos recordar que en 1983, y con ocasión de la reforma legislativa de la ley de elecciones locales en lo relativo a la elección de diputados provinciales (LO 6/83, del 2 de marzo), la oposición planteó un recurso de inconstitucionalidad en el que cuestionaba la necesidad de que fuera una ley orgánica la que regulase las elecciones locales, entendiendo que la reserva del artículo 81 CE se refería exclusivamente a las elecciones a Cortes Generales. El Tribunal Constitucional, en su sentencia 38/83, como ya hemos visto, afirmó que por «régimen electoral general» debía entenderse la regulación de todos los procesos electorales, ya que todos ellos suponen el ejercicio del derecho fundamental del artículo 23.1 CE.

Habría que recordar que si bien la Constitución establece un sistema proporcional para las elecciones del Congreso, el artículo 140 nada dispone con respecto a la elección de los concejales, por lo que el legislador podría haber optado por un sistema mayoritario. Sin embargo, aquél prácticamente copió la fórmula de elección de los diputados, ya que optó por un sistema electoral de carácter proporcional, de listas cerradas y bloqueadas, el cual asegura la estabilidad y las adecuadas dosis de representatividad.

En general puede afirmarse que los efectos del sistema electoral municipal son más proporcionales que los de las elecciones legislativas. Así, el primer partido no obtiene las primas de sobrerepresentación que alcanzan las pequeñas formaciones. Con carácter general, los dos partidos mayoritarios no logran una proporción de escaños ajustada a los votos alcanzados y son las fuerzas menores quienes se ven beneficiadas con una mayor representación. Ahora bien, hay una mayor dosis de efecto mayoritario en función del tamaño del municipio: a medida que disminuye la población los efectos son más mayoritarios.

El sistema electoral proporcional, que es el que se aplica con carácter general, tiene dos excepciones. Por un lado, a los municipios con una población comprendida entre 100 y 250 habitantes se aplica un sistema mayoritario. En este supuesto, los concejales a elegir son cinco, por lo que cada partido, coalición o agrupación podrá presentar una lista con un máximo de cinco nombres. Cada elector podrá dar su voto a un máximo de cuatro entre los candidatos proclamados en el distrito. Los puestos de la corporación se proveen con los cinco nombres más votados de todas las listas. En caso de empate, se resuelve por sorteo. En estos municipios, por tanto, se articula un modelo intermedio entre el sistema común y el régimen de concejo abierto. En los municipios que funcionan con este régimen, así como para la elección de los Alcaldes pedáneos, se utiliza un sistema mayoritario.

Cada término municipal constituye una circunscripción en la que se elige un determinado número de concejales de acuerdo con la escala que establece el artículo 179 LOREG. En municipios de hasta 250 residentes se eligen cinco concejales; en los que tienen entre 251 y 1.000, siete; los que tienen de 1.001 a 2.000 eligen nueve; de 2.001 a 5.000, once; de 5.001 a 10.000, trece; de 10.001 a 20.000, diecisiete; de 20.001 a 50.000, veintiuno; de 50.001 a 100.000, veinticinco. De 100.001 en adelante, un concejal por cada 100.000 residentes o fracción, añadiéndose uno más cuando el resultado sea par.

Esta distribución de concejales permite que las minorías tengan mayores posibilidades de representación que en otros niveles territoriales. Ahora bien, la existencia de tramos de población en algunos casos extensos genera que no siempre exista una misma correlación habitante-escaño. Por ejemplo, a un municipio de 90.000 residentes le correspondería el mismo número de concejales, 25, que a otro con sólo 55.000. En el primer caso cada 3.600 residentes se ven representados por un concejal. En el segundo caso sólo 2.200. Estos tramos determinan pues que se necesiten menos votos para que un concejal sea elegido en un municipio rural que en una gran ciudad.

La atribución de los puestos de concejales en cada Ayuntamiento se realiza siguiendo el mismo procedimiento previsto en el artículo 163.1 para el Congreso de los Diputados —es decir, la ley D'Hondt—, con la única salvedad de que se establece una barrera legal del 5 por ciento de los votos válidos emitidos en la circunscripción. Es precisamente en el ámbito municipal donde la barrera legal ha tenido mayores consecuencias ya que ha servido para reducir la fragmentación de las fuerzas políticas. Ahora bien, hay que tener en cuenta que la coincidencia o no del umbral efectivo de voto para obtener representación con la barrera legal depende del tipo de circunscripción. El umbral efectivo es superior a la barrera legal en aquellos municipios en los que se eligen de 7 a 11 concejales. En los que se eligen13 concejales el umbral efectivo es ligeramente superior a la barrera legal. En los demás casos el umbral efectivo es menor al 5 por ciento.

También debemos tener presente que los concejales elegidos en los pueblos de la provincia sirven de base para la elección de los miembros de la correspondiente Diputación provincial. El número de diputados que corresponde a cada Diputación se determina según el número de residentes de cada provincia de acuerdo con el baremo establecido en el artículo 204 LOREG: hasta 500.000 residentes, 25; de 500.001 a 1.000.000, 27; de 1.000.001 a 3.500.000, 31 y de 3.500.001 en adelante, 51. Estos puestos son repartidos por las Juntas electorales proporcionalmente y atendiendo al número de residentes entre los distintos partidos judiciales de la provincia. Este reparto tiene dos límites: todos los partidos judiciales deben contar al menos con un diputado y ninguno puede contar con más de tres quintos del número total de diputados provinciales. El número total de diputados correspondiente a cada partido se distribuye entre las diversas candidaturas de modo proporcional al número de votos obtenido por cada una de ellas. Para ello se utiliza la Ley D'Hondt. Una vez que se ha fijado el número de diputados que corresponde a cada candidatura, corresponde a cada fuerza política la designación, de entre sus concejales elegidos, a los diputados provinciales. En la sesión de constitución de la corporación provincial, los diputados eligen al Presidente de la Diputación siguiendo un procedimiento similar al de la elección de los Alcaldes por el Pleno de los Ayuntamientos.

Este enrevesado procedimiento concede todo el protagonismo a los partidos políticos que acaban configurando un órgano representativo a espaldas de los ciudadanos. Este proceso tal vez no haya generado una excesiva polémica por el reducido papel competencial de las diputaciones en el Estado autonómico, si bien hay que reconocer que, en determinadas provincias, la diputación se ha convertido en el centro de influencia política del partido que en las instancias autonómicas, o en muchos casos en la misma capital de provincia, se halla en la oposición. El procedimiento de designación de los diputados provinciales también ha contribuido a reforzar una «clase política local» fuertemente dependiente de los «aparatos» partidistas y con un alto nivel de profesionalización.

Finalmente hay que hacer mención a las disposiciones especiales que la LOREG incluye para la elección de los cabildos insulares canarios. El título IV LOREG dispone que en cada lista se eligen por sufragio universal, directo y secreto, y en una urna distinta a la votación para concejales, una serie de consejeros insulares cuyo número varía en función de los residentes en la isla. Los consejeros insulares son elegidos mediante el procedimiento previsto para la elección de los concejales. Cada isla constituye una circunscripción electoral. Será nombrado presidente del cabildo insular el candidato primero de la lista más votada.

11.2. La elección de los Alcaldes

El artículo 196 de la ley electoral contempla dos formas de elección del alcalde: una principal e indirecta, que llevan a cabo los concejales; otra, subsidiaria y directa, consistente en atribuir la alcaldía al concejal electo primero de la lista más votada. Aunque los electores en todo caso votamos listas cerradas y bloqueadas de candidatos a concejales, la experiencia demuestra que solemos tener presente no sólo los programas de los partidos que presentan las listas de candidatos, sino fundamentalmente las personas que encabezan dichas listas y que son las únicas que, de acuerdo con la ley, pueden ser candidatas a la alcaldía. Sólo en el supuesto de que se elija Alcalde tras una moción de censura cualquier concejal puede ser candidato. Por lo tanto, aunque formalmente la ley no establezca un sistema de elección directa del Alcalde, desde el punto de vista del comportamiento del elector se dan los caracteres de una elección directa.

Esta opción, en todo caso, no está condicionada por la Constitución. Ésta no exige que el candidato a Alcalde deba reunir la condición de concejal (artículo 140 CE). En definitiva, en el ámbito local se ha plasmado legalmente la práctica habitual en las elecciones generales o autonómicas: los partidos suelen incluir encabezando sus listas por alguna circunscripción —en el caso de las generales, normalmente Madrid— a la persona que, en su caso, propondrán como candidato a presidente y que, previamente, habrá liderado la campaña electoral.

Por lo tanto, el legislador podría haber permitido que el candidato a la alcaldía fuera cualquier vecino mayor de edad aunque no fuera concejal. Esta posibilidad podría favorecer la salida de situaciones de crisis e inestabilidad en algunas corporaciones, necesitadas de pactos entre grupos para conseguir la alcaldía o para no perderla, por lo que podría proponerse para el supuesto de elección de Alcalde tras una moción de censura. La exigencia de que el candidato a la alcaldía haya de ser necesariamente concejal dificulta en muchas ocasiones los posibles acuerdos. En este caso la subordinación del órgano unipersonal al equipo que lo mantiene, en definitiva al partido político, sería mayor, lo que obligaría necesariamente a un mayor entendimiento entre ambos.

Con el sistema de elección previsto se persigue la gobernabilidad de los municipios, garantizando en todo caso el respaldo mayoritario del alcalde. Al tratarse de una elección indirecta, tal vez hubiera sido más lógico introducir una segunda votación en la que hubiera bastado mayoría simple, tal y como se prevé por ejemplo para la investidura del presidente del Gobierno. Sin embargo, esta opción podría dar lugar a alcaldes sin un respaldo mayoritario y, por lo tanto, a corporaciones con una gran inestabilidad.

En el sistema vigente pueden adquirir un papel relevante las minorías, ya que el ser la lista más votada no garantiza la mayoría absoluta necesaria para apoyar a un candidato a alcalde. En este caso, incluso puede darse, y no ha sido infrecuente en la experiencia reciente, que las minorías pacten entre ellas y desplacen a la fuerza política más votada. De esta forma, puede resultar elegido Alcalde el cabeza de una lista que no haya sido la más votada. Este resultado, absolutamente legítimo y ajustado a derecho, es el que ha suscitado las mayores críticas del sistema de elecciones locales. Gran parte del electorado no llega a entender cómo no resulta elegido Alcalde el candidato de la lista que ha recibido un mayor número de votos. Igualmente se han sometido a crítica las actuaciones de los partidos minoritarios que, una vez celebradas las elecciones, llegan a acuerdos para apoyar a un determinado candidato. Unos acuerdos que normalmente se celebran de manera escasamente transparente y de espaldas a los electores. Dichos efectos negativos del sistema podrían paliarse introduciendo un sistema mayoritario a doble vuelta, de tal manera que si ninguna lista obtuviera la mayoría absoluta en la primera se celebraría una segunda, lo que permitiría que los partidos pactasen ante los electores.

Por otra parte, si se llega a aplicar la vía subsidiaria de elección, la posición del Alcalde puede resultar más inestable que en el caso de que sea elegido por la corporación. Se tratará de un Alcalde que cuenta con el respaldo mayoritario de los electores pero no del Pleno, de manera que necesitará hacerse con el apoyo de uno o varios grupos políticos, bien con carácter global para todo el periodo que dure su mandato, bien para la resolución de cuestiones concretas.

Además de los procedimientos especiales ya comentados, también se contempla un proceso singular para los municipios que funcionan en régimen de «concejo abierto». De acuerdo con el artículo 29 LRBRL, funcionan en este régimen los municipios con menos de 100 habitantes y aquellos que tradicionalmente cuenten con dicho régimen, así como aquellos otros que por su localización geográfica, la mejor gestión de los intereses municipales u otras circunstancias lo hagan aconsejable. En este segundo caso, la constitución del concejo abierto requiere petición de la mayoría de los vecinos, decisión favorable por mayoría de dos tercios de los miembros del Ayuntamiento y aprobación por la comunidad autónoma. El gobierno y la administración de estos municipios corresponden a Alcalde y a una asamblea vecinal de la que forman parte todos los electores. Su funcionamiento se ajustará los usos, costumbres y tradiciones locales, y en su defecto, a lo establecido en la LRBRL y en las leyes autonómicas sobre régimen local (artículo 29.3 LRBRL). De acuerdo con el artículo 179. 2 LOREG, en estos municipios los vecinos eligen directamente al Alcalde por un sistema mayoritario.

11.3. Los efectos del sistema electoral local: una inestabilidad soportable

El sistema establecido por el legislador ha generado en los Ayuntamientos una correlación de fuerzas políticas muy similar a la presente en el Congreso. Es decir, dos fuerzas políticas mayoritarias, una tercera minoritaria presente en la mayoría de los Ayuntamientos que superan los 10.000 residentes y una notable diversidad ideológica en las corporaciones de Cataluña, País Vasco, Galicia, Andalucía, Canarias, Aragón y Navarra, como reflejo de la existencia de fuerzas políticas de ámbito regional y nacionalista con representación parlamentaria en las Cortes Generales. Debemos tener en cuenta que en las elecciones municipales el llamado «voto útil» tiene menos importancia, pues es más frecuente que el elector vote de acuerdo con sus preferencias apoyando a fuerzas minoritarias a las que no votaría en otro tipo de procesos. En todo caso, es difícil establecer unas pautas generales de comportamiento electoral en los comicios locales dada la heterogeneidad de los municipios españoles y la multiplicidad de factores que pueden condicionar el voto. Además, no podemos perder de vista la valoración que en estos procesos el elector realiza de la persona concreta que se presenta como candidato a la alcaldía, determinante en gran medida de su elección al margen de consideraciones ideológicas o identificaciones partidistas.

Muchos ejemplos pueden avalar esta tesis. Baste con recordar la campaña de las municipales de 2003 en Córdoba. En ellas, y tras cuatro años de alcaldesa, Rosa Aguilar volvía a presentarse como cabeza de lista de Izquierda Unida. El carácter tremendamente personalista del proceso, y la enorme baza que suponía Rosa Aguilar como candidata tras cuatro años en los que había adquirido un protagonismo superlativo en el gobierno municipal, se puso de manifiesto en el eslogan elegido para la campaña: «Vota Rosa». En este mensaje se hallan implícitas todas las características que hemos señalado en torno a las elecciones locales. Aunque los cordobeses no pueden votar directamente a su Alcalde o alcaldesa, IU les presentaba su candidatura como así fuera. Sin referencia siquiera a la fuerza política que la incluía en su lista. Como queriendo dejar muy claro que su candidata a la alcaldía estaba más allá de opciones ideológicas y de ubicaciones partidistas. Como si ni siquiera hiciera falta el apellido y bastara con un nombre, Rosa, para subrayar la cercanía de una mujer que es toda una experta en el arte del populismo.

En cuanto a la presentación de candidaturas, cabría pensar que el ámbito local es el más idóneo para la presencia de agrupaciones de electores y ello por varias razones. Desde el punto de vista estrictamente «territorial», en ocasiones es difícil que las estructuras de los partidos puedan llegar a todos los municipios en la confección de candidaturas. Junto a dichas dificultades, en determinados núcleos puede existir una voluntad de rechazo hacia los partidos, a los que se confiere una connotación negativa por cualesquiera motivos. Además, en municipios de media y baja población nacen a menudo opciones localistas con fines distintos al de los partidos.

En la mayoría de las ocasiones, la agrupación ha surgido como respuesta a la falta de adaptación de los partidos a las peculiaridades o problemas locales. Suelen estar determinadas por coyunturas concretas, como lo prueba el que no suelan tener continuidad más allá de un solo mandato. Así fue en las primeras elecciones locales, las de 1979, en las que se eligieron a 15.702 concejales independientes de los que 2.055 fueron Alcaldes. Representaron unos porcentajes del 22,57 por ciento y del 22,44 por ciento respectivamente, que superaron ampliamente al que fue el primer partido de la oposición, el PSOE que obtuvo sólo 12.194 concejales y 1.174 alcaldes. El auge de la canalización de alternativas independientes por agrupaciones se produjo en las elecciones de 1987, transformándose después muchas de ellas en partidos políticos. La progresiva consolidación del sistema de partidos redujo la cifra de concejales independientes a 4.092 en las elecciones de 1995, sobre los 65.732 de todo el Estado.

En muchas ocasiones la aparición de agrupaciones electorales ha respondido a crisis internas en las organizaciones locales de los partidos nacionales o autonómicos, o bien han constituido una especie de «candidaturas en tiempo de espera», es decir, un espacio para la extracción y reclutamiento de candidatos de los partidos para las elecciones locales y como embrión de organizaciones partidarias constituidas más adelante. También con esa nota de «independencia», han surgido en ocasiones partidos de ámbito municipal, comarcal o incluso de ámbito provincial. En muchos casos este tipo de partidos independientes supramunicipales han estado relacionado con la composición de las Diputaciones provinciales.

De todos modos, las agrupaciones tienen más dificultades para desarrollar una campaña electoral en condiciones de igualdad con los partidos, pues estos cuentan entre otras ventajas con mayores facilidades para acceder a los medios de comunicación, además de disfrutar de una más holgada financiación. Dato relevante si tenemos en cuenta que la mayor parte de los procesos electorales municipales están fuertemente marcados por las dinámicas políticas nacionales y autonómicas.

En definitiva, el planteamiento de la campaña electoral en términos nacionales, las dificultades de financiación, la influencia de la política nacional sobre la local hace que los grandes partidos sean también los principales protagonistas de las elecciones locales. Además debemos tener en cuenta que los partidos de ámbito nacional se han ido constituyendo sobre estructuras organizativas de carácter vertical, al tiempo que han hecho de la pertenencia o cercanía al partido y de la aprobación de las unidades organizativas correspondientes los principales criterios de reclutamiento.

Esa clara influencia «nacional» no ha impedido que en ocasiones hayan aparecido procesos de carácter localista. Hay que tener en cuenta que la división del trabajo entre distintos niveles de gobierno, unido al desarrollo y descentralización del Estado de bienestar ha provocado que las tareas políticas requieran un cierto grado de especialización y especificidad. De ahí que un dato reiterado sea el anclaje de los miembros del gobierno local en el entramado corporativo de su comunidad. Puede hablarse, por tanto, de dos tendencias presentes en el sistema político local, la *nacionalización* y el *localismo*, de manera que la clase política local mantiene una permanente tensión entre sus respectivos partidos y las conexiones que mantiene con la comunidad local. Pero, en general, en las elecciones locales los verdaderos protagonistas son los mismos partidos que desempeñan un papel relevante en el ámbito estatal. Es fácil constatar cómo en todos los procesos electorales locales se ha ido reflejando la situación de los partidos a nivel nacional. De hecho las campañas electorales municipales se sitúan en un contexto nacional a lo que, sin duda, coadyuvan los medios de comunicación. A ello habría que sumar el relieve mediático adquirido por los Alcaldes y Alcaldesas de determinadas capitales de provincia, lo cual ha contribuido a dicha confusión.

Por otra parte, las mismas reglas de funcionamiento de los gobiernos locales, que reproducen en gran medida el modelo parlamentario, o la mecánica de coalición introducida para la elección de los Alcaldes, influyen en el desarrollo de la política local. Junto a estos elementos, también habría que tener presente la frecuente acumulación de las elecciones locales con otros procesos electorales, como sucede en las Comunidades autónomas que no contemplan la disolución anticipada de sus parlamentos. En estos casos, es evidente cómo la perspectiva local se difumina en las estrategias de los partidos. Además, la coincidencia electoral favorece el voto en bloque a un mismo partido y otorga un *plus* a los partidos más fuertes a nivel nacional.

Desde la perspectiva del comportamiento electoral, también hay que tener presente esa perspectiva supralocal. Es frecuente que el elector utilice las elecciones municipales para expresar su descontento con la política del gobierno central, bien votando al principal partido de la oposición o a partidos menores. Por ello, las elecciones municipales adquieren en muchas ocasiones el carácter de «predicción» de los resultados de la siguiente convocatoria electoral. Esta clave anticipatoria de las elecciones locales se confirmó a partir de las celebradas en 1995, pues con anterioridad la interpretación de sus resultados las situaban más como una especie de referéndum sobre el ejercicio del gobierno elegido con anterioridad. Hay que tener en cuenta que durante el ciclo político que podríamos situar entre 1982 y 1991 las elecciones locales se celebraron justo después de unas elecciones generales que les servían de prisma comparativo. En todo caso, ya sea como «eco» o como «anticipo», el comportamiento electoral en las locales se sitúa siempre en un marco de referencia nacional.

En líneas generales la valoración del sistema electoral local ha de ser positiva. No sólo asegura la representatividad de las corporaciones municipales sino que también y, aunque en ocasiones parezca transmitirse lo contrario, no genera una excesiva inestabilidad en los gobiernos municipales. El reparto de concejales en función de la población permite en un número importante de municipios unos resultados más proporcionales que en otro tipo de comicios. Por otro lado, la previsión de la barrera legal del 5 por ciento, junto al peso de un sistema de partidos condicionado por los niveles territoriales superiores, ha permitido, en general, la formación de mayorías fuertes, al tiempo que se ha garantizado la representación de fuerzas minoritarias. Como contrapartida, el principal inconveniente, desde el punto de vista de la estabilidad del gobierno municipal, es la dificultad de que una lista electoral alcance la mayoría de las concejalías en muchos municipios, lo cual obliga a pactos o coaliciones para conseguir un respaldo mayoritario del equipo de gobierno.

Por otra parte, la participación en estas elecciones, aunque algo inferior a la media de las elecciones generales, es aceptable e incluso más alta que la de otros países de nuestro entorno. Desde 1979 a 1995, la participación se mantuvo entre el 62 y el 70 por ciento. Después de que en 1999 se produjera una disminución de casi 6 puntos con respecto a las de 1995, en las de 2003 la movilización fue de 3,4 puntos más que en los comicios anteriores.

A pesar de esta valoración positiva, no han dejado de hacerse propuestas de reforma, las cuales podrían encuadrarse en dos grupos. Unas, que podríamos relacionar con el objetivo de conseguir una mayor *representatividad*, proponen la modificación del sistema de presentación de candidaturas. Otras, que persiguen una mayor *gobernabilidad*, se centran en la sustitución del sistema proporcional por otro de carácter mayoritario. Éstas suelen coincidir en proponer la elección directa del alcalde.

En cuanto a las primeras, la propuesta más reiterada es la de apertura de las listas electorales. Propuesta que fortalecería la representatividad pero que, al mismo tiempo, dificultaría la formación de mayorías estables y fomentaría efectos disgregadores en el sistema de partidos, amén de la inestabilidad que generaría en el interior de las formaciones políticas. Como he reiterado a lo largo de estas páginas, la apertura de las listas agudizaría los enfrentamientos dentro de los partidos y coaliciones, al tiempo que incrementaría las relaciones «clientelares» entre los candidatos y los electores. Sería enorme el riesgo de que determinados intereses, por ejemplo urbanísticos, fueran decisivos en la búsqueda de apoyos por los candidatos. No creo que los partidos dejaran en todo caso de desempeñar un papel relevante ya que seguirían siendo los encargados de agregar e integrar las demandas y apoyos, aparte de que seguirían controlando las estrategias electorales y, por supuesto, la elaboración de las candidaturas. Cabría pensar, pues, que los electores seguirían rigiéndose más por opciones partidistas que por opciones de carácter personalista. De hecho, en la práctica, los electores valoran en las elecciones locales especialmente a los candidatos a Alcalde, aunque no tanto como para cambiar la tendencia general a favor o en contra de un partido. Así, y salvo en supuestos excepcionales, el candidato con posibilidades de éxito suele formar parte de las listas de los partidos mayoritarios. Por lo tanto, en el sistema electoral local no cabe contraponer radicalmente «elección de lista» a «elección personal» desde el momento en que una lista se conecta al cabeza de la misma que se identifica como candidato a la alcaldía. Y, de hecho, las listas en las elecciones locales, a pesar de ser cerradas y bloqueadas, no han impedido el surgimiento y desarrollo de «liderazgos locales», incluso con proyección en el ámbito nacional. Ahora bien, a pesar de todos estos inconvenientes, no cabe duda de que el ámbito local es el más idóneo para introducir las listas desbloqueadas como experiencia que permitiría una valoración más ajustada de cara a su introducción en otros procesos electorales.

En todo caso, el verdadero debate político debería situarse, como he apuntado con anterioridad, en el procedimiento a través del cual los partidos designan sus candidatos a los distintos procesos electorales. En este sentido sí que sería conveniente apuntar algunas reformas que incidieran en el funcionamiento democrático de los partidos, con la previsión de mecanismos como el de selección de candidatos a través de un sistema de primarias, abierto incluso a simpatizantes. Una posibilidad que en la elaboración de las listas para unas elecciones locales sería mucho más fácil de articular.

El resto de propuestas de reforma tratan de ofrecer una respuesta a la inestabilidad que se genera en determinados municipios al no contar el Alcalde con el respaldo de una mayoría suficiente en el Pleno. En este sistema, como sucede en el parlamentario, la gobernabilidad depende de la posibilidad de formar y mantener mayorías sólidas. Los problemas se plantean, pues, cuando el Alcalde no cuenta con ese respaldo. Para tratar de evitar estas situaciones, el legislador ha reforzado la posición del Alcalde y ha ido dificultando progresivamente la presentación y aprobación de mociones de censura. Sin embargo, estas previsiones no asegurarán la estabilidad mientras que se mantenga el sistema «parlamentario» de elección de los Alcaldes por los concejales.

En esa dirección habría que situar la proposición de ley orgánica de modificación de la LOREG presentada por el Grupo Parlamentario Socialista en el año 1998, que proponía la elección directa del Alcalde con un sistema de doble vuelta. En esta propuesta se preveía que si en la primera votación ningún candidato alcanzara la mitad más uno de los votos válidos, sólo podrían concurrir a la segunda vuelta aquéllos que hubieren obtenido, al menos, el 15 por ciento de los votos válidos. La proposición vinculaba la elección directa del Alcalde a la atribución de los puestos de concejales. Así, a la candidatura que presentara al candidato que fuera elegido Alcalde se le atribuiría el número de concejales que le correspondiese según la fórmula D'Hondt y, como mínimo, el 50 por ciento.

En el caso de elección directa del Alcalde, ya no se establecería una «relación de confianza» entre el Pleno y aquél, por lo que sólo podría ser revocado por los electores. Por ello, sería conveniente reforzar su legitimidad exigiendo la mayoría absoluta para su elección. Además, habría que tener en cuenta que un sistema mayoritario excluiría la presencia de los partidos minoritarios en el Ayuntamiento. Sería necesario introducir alguna corrección para evitar que una parte importante de la población quedara sin representar. Por ejemplo, cabría introducir un sistema a través del cual se asegurase la mayoría absoluta de los concejales a la lista más votada, repartiendo el resto de escaños proporcionalmente entre las listas minoritarias. Incluso cabría la reserva de escaños a los partidos que obtuvieran un mínimo de votos, los cuales se repartirían mediante una fórmula proporcional. La propuesta socialista, que ha sido mantenida en posteriores documentos del partido, lleva aparejada la eliminación de las mociones de censura aunque no de las cuestiones de confianza. Así se prevé que en el caso de que un Alcalde perdiese una cuestión de confianza se procedería a la convocatoria de elecciones.

Frente a esta posición, el PP ha sido mucho más cauto en esta materia y sólo se ha llegado a pronunciar a favor de un sistema mayoritario que permitiese formar gobierno a la lista más votada. Una opción lógica si pensamos en las limitadas posibilidades que el PP tiene en la coyuntura política actual para llegar a acuerdos con otras fuerzas políticas. En todo caso, no parece que las reformas de este proceso se hallen en primera línea de la agenda de nuestras fuerzas políticas. De hecho, la Ley de Medidas para la Modernización del Gobierno Local de 2003 no planteó ninguna modificación del sistema electoral local, a pesar de que la proposición no de ley presentada por el PSOE, que fue el origen de la ley, contemplaba la elección directa del Alcalde. Más recientemente, en el borrador del Libro Blanco para la Reforma del

Gobierno Local en España, elaborado por el Ministerio de Administraciones Públicas en 2005, se manifiestan numerosas cautelas ante la propuesta de algún cambio en el sistema electoral local. En dicho documento se apuesta por introducir algunos elementos en el sistema actual, de forma que, sin alterarlo ni añadirle complejidad, se incrementen las posibilidades de elección directa del Alcalde. Así, a la elección directa mediante un sistema uninominal mayoritario en los municipios de menos de 100 habitantes se añadiría la designación como Alcalde del concejal que más votos populares haya recibido en los municipios de entre 100 y 1.000 habitantes. En los que tengan más de 1.000, resultaría elegido el cabeza de lista que haya obtenido la mayoría absoluta de sufragios. Igualmente se sugiere la posibilidad de que varias listas se vinculen previamente a la elección, en el sentido de que comuniquen a la administración electoral que apoyan como Alcalde al cabeza de la lista más votada entre las vinculadas. Este apoyo debería hacerse constar en la papeleta electoral para que el vecino tuviera claro a qué opción otorgaba su voto.

En todo caso, y con independencia de las posiciones de las distintas fuerzas políticas, no creo que las disfunciones del sistema en la actualidad sean tan importantes como para acometer una reforma de tal envergadura. La situación de nuestros gobiernos locales no es especialmente alarmante en relación con su fragmentación y consiguiente inestabilidad.Basta con repasar algunos datos relativos a los dos últimos procesos electorales municipales. Durante la legislatura 1999-2003, existió un gobierno con mayoría absoluta en un 83,1 por ciento de los 8.037 municipios españoles. Además, en un 16,8 por ciento existía mayoría relativa y en el 0,1 por ciento un empate entre dos o más partidos. Las situaciones de mayoría absoluta dominaban en los municipios más pequeños, mientras que descendían en los intermedios y, sobre todo, en las grandes ciudades. Estas cifras son el resultado del carácter cada vez más bipartidista del sistema de partidos español y demuestran lo relativo de la necesidad de una reforma del sistema en aras de una mayor gobernabilidad.

Tras las elecciones del 25 de mayo de 2003, se mantuvo aproximadamente el mismo porcentaje de Ayuntamientos con mayorías absolutas. Únicamente se produjeron algunas modificaciones en los partidos gobernantes y en el conjunto de fuerzas que apoyan determinados gobiernos municipales. El PSOE gobierna con mayoría absoluta en más de 2.000 Ayuntamientos. Fue el ganador en 11 capitales, añadiendo tres mayorías absolutas (Lugo, Huesca, Albacete) a las dos que ya tenía (Coruña y Palencia). Ganó en la mayor parte de las 38 poblaciones mayores de 75.000 habitantes, con menos dificultad que el PP para gobernar en ellas aunque no hubiera conseguido la mayoría absoluta. El PP ganó en 36 de las capitales y en 27 de ellas con mayoría absoluta. El bloque IU/IC mantuvo estable su poder local, pudiendo gobernar en solitario en 68 municipios y siendo la minoría mayoritaria en otros tantos. Consiguió una mayoría relativa en Córdoba, lo que le ha permitido gobernar en solitario. A estos habría que añadir otros en los que ha podido hacerlo en coalición, sobre todo con el PSOE y otras fuerzas nacionalistas y regionalistas. Los distintos grupos nacionalistas repiten su triunfo en minoría en Pontevedra (BNG), Tarragona (CIU), Bilbao (PNV-EA) y Santa Cruz de Tenerife (CC).

Pienso que, en todo caso, las soluciones a los casos puntuales que puedan darse deben situarse más en el terreno de la política que en el de las reformas legislativas. Por otra parte, si el principal problema en las corporaciones locales es su gobernabilidad habría que pensar más bien en reforzar la posición de la mayoría gobernante, limitando las posibilidades de obstrucción por parte del Pleno. Por otra parte, no podemos olvidar que una de las principales causas de la inestabilidad de las corporaciones locales deriva del fenómeno del transfuguismo, es decir, del hecho tan repetido de que un concejal elegido en una lista de un partido abandone el correspondiente grupo político manteniendo su cargo. Su relevancia en el ámbito local reclama que dediquemos algunas páginas a su incidencia en los Ayuntamientos y a las posibles soluciones que pueden adoptarse.

11.4. Un problema: el transfuguismo como una de las principales causas de inestabilidad local

Como he señalado, hay una clara influencia de los aparatos centrales de los partidos en la política local. El mismo legislador dio cobertura a dicha influencia mediante la previsión de que, en el caso de que un concejal causara baja en el partido en cuya lista había sido elegido, perdería automáticamente su acta de concejal (art. 11.7 Ley de Elecciones Locales de 1978). Esta norma fue ignorada, debiéndosela tener por derogada a partir de entonces, por la sentencia del Tribunal Constitucional 5/1983, de 4 de febrero, la cual sentó la doctrina que el titular del cargo representativo es el concejal y no el partido en cuya lista se presentó a las elecciones. Sostuvo dicha sentencia que la permanencia en los cargos públicos representativos y su eventual cese sólo puede depender de la voluntad de los electores, ya que el sufragio pasivo sólo puede tener sentido jurídico como correlato del sufragio activo.

Esta fundamentación fue reforzada por la sentencia 10/1983, en la que se volvió a plantear el cese de un concejal por una Junta electoral de zona a causa de la expulsión de su partido. En esta sentencia se reconoce la función electoral de los partidos, que implica la presentación de candidaturas, si bien se reitera que «la elección de los ciudadanos sólo puede recaer sobre personas determinadas y no sobre los partidos o asociaciones, que los proponen al electorado».

Esta doctrina parece ser contradicha por el Tribunal Constitucional en alguna sentencia posterior, como la 31/1993, de 26 de enero, en la que, precisamente, se cuestionaba que fuese proclamado como candidato a Alcalde quien en las elecciones había sido cabeza de lista de un partido pero, después, había abandonado éste y había pasado al Grupo Mixto. En esta sentencia se mantiene que «aunque la personalidad de quien figure como cabeza de lista haya podido tener alguna relevancia en el momento de la elección popular, jurídicamente, y por la configuración de nuestro sistema electoral, los votos de los ciudadanos en las elecciones municipales son a listas presentadas por partidos, federaciones, coaliciones y agrupaciones de electores, sin que sea posible determinar dentro de cada lista, qué candidato ha recibido más votos y es por tanto más representativo que sus propios compañeros de lista igualmente elegidos». Por ello, concluye la sentencia, el concejal que ha abandonado su grupo y se ha pasado al Grupo Mixto no mantiene la condición de «cabeza de lista» y por tanto no podría ser candidato para la elección de Alcalde. Esa misma sentencia deja claro que el Grupo Mixto, formado por la agrupación de determinados concejales salidos de uno o varios grupos, no integraba ninguna de las entidades a las que el art. 44.1 LOREG legitima para la presentación de candidaturas. Por lo tanto, tampoco puede presentar un candidato a la alcaldía.

Esta contradictoria jurisprudencia nos pone de manifiesto la tensión que en nuestro sistema constitucional existe entre dos modelos de democracia. De una parte, la democracia de partidos (art. 6 CE) y, de otra, la democracia de raíces liberales y que apoyada en diversos artículos de la Constitución (arts. 23, 67, 68, 69, 70, 140), prohíbe el mandato imperativo y considera que los representantes lo son de los intereses generales y no de los propios de la fuerza política a la que pertenecen.

En todo caso, y a pesar de esta tensión, la doctrina dominante sobre la titularidad de los cargos públicos representativos contradice abiertamente la dinámica propia de una democracia de partidos y ha posibilitado el desarrollo del transfuguismo especialmente en el ámbito local. Este predominio no quiere decir, obviamente, que el fenómeno no se dé en otras instancias representativas. Baste con recordar la situación que se vivió en la asamblea de Madrid tras las elecciones del 25 de mayo de 2003. Una vez constituida la asamblea, sorprendió a todos que el candidato del PSOE no pudiera ser elegido presidente de por la ausencia de dos diputados socialistas, Eduardo Tamayo y María Teresa Sáez. Ello marcó el comienzo de unas semanas «intensas» en las que no dejó de planear la sospecha de motivaciones económicas, y más concretamente urbanísticas, en el comportamiento de esos dos diputados. El PSOE intentó que Tamayo y Sáez renunciaran a sus escaños, cosa que no hicieron y que provocó que finalmente, el 28 de junio, Rafael Simancas no pudiera ser investido como presidente de la Comunidad Autónoma de Madrid. Ello obligó a convocar nuevas elecciones que se celebraron el 26 de octubre y en las que resultó vencedor el PP, claro beneficiario de la situación de inestabilidad creada.

Lo que sí es evidente es que determinadas circunstancias favorecen su práctica en las corporaciones locales. Habría que tener en cuenta, en primer lugar, que la aritmética lo facilita porque el sistema electoral es mucho más proporcional que el estatal o los autonómicos. En segundo lugar, el coste electoral de la operación suele ser limitado, ya que, a lo sumo, se paga en el municipio en el que se ha producido la operación. En tercer lugar, el número de concejales es tan elevado que el control de los mismos por las direcciones de los partidos es mucho más débil. A todo ello habría que unir las facilidades que proporciona el ámbito local para el desarrollo de relaciones clientelares que con más frecuencia de la debida derivan en actuaciones delictivas.

Las respuestas del derecho a este fenómeno son muy limitadas. La doctrina ha hecho algunas propuestas, tales como que el transfuguismo genere una especie de «incompatibilidad sobrevenida», de manera que el tránsfuga se viera obligado a renunciar a su cargo. En todo caso, creo que la respuesta a este fenómeno ha de ser fundamentalmente «política» y, más concretamente, ha de producirse desde el ámbito de los partidos políticos. En este sentido, no estaría de más que los propios estatutos o normas internas del partido incluyeran como sanción para los tránsfugas la expulsión del partido.

Como bien ha afirmado Javier García Roca, «la democracia contemporánea conlleva una necesaria y creciente exigencia de responsabilidad ante los electores de los titulares de los órganos provistos por la relación de representación, y hace imprescindible un *ethos democrático del representante*». En esta línea habría que situar el "Acuerdo sobre un código de conducta en relación con el transfuguismo en las corporaciones locales", firmado el 7 de julio de 1998 por el Ministro de Administraciones Públicas y los representantes de los principales partidos españoles. Sin embargo, y a pesar de las buenas intenciones, este acuerdo ha sido vulnerado en la práctica con frecuencia y ha tenido escasa eficacia en lo que se refiere a las reformas legislativas que proponía. Si bien los partidos firmantes se comprometían a no admitir en su grupo político a un concejal integrado en la candidatura de otra formación mientras mantuviera el cargo que obtuvo en candidatura de su partido original, así como a impedir la utilización de tránsfugas para constituir, mantener o cambiar las mayorías de Gobierno, en la práctica se han sucedido los incumplimientos de dichos compromisos. Por otra parte, las reformas legislativas propuestas para limitar los efectos del transfuguismo en relación con la presentación de mociones de censura, tales como que se impidiese presentarlas antes de transcurrido un año de la toma de posesión del Alcalde o durante el último año de mandato, o la exigencia de que los concejales que abandonen su grupo de origen permanezcan, al menos durante año en otro para que puedan suscribir una moción, no han llegado a realizarse. Tampoco se ha llegado a regular el supuesto de pérdida del cargo cuando el representante electo abandone voluntariamente el partido. Esta previsión, en todo caso, supondría reorientar la doctrina del Tribunal Constitucional.

También se preveían en el acuerdo reformas reglamentarias en las corporaciones locales en el sentido de establecer que «los concejales que abandonen los partidos o agrupaciones en cuyas candidaturas resultaron elegidos no pasen al Grupo Mixto, sino que se organicen a partir de la creación de la figura de los "no inscritos" o del "concejal independiente", con la creación, en su caso, del correspondiente grupo de "no inscritos", y actúen en la corporación de forma aislada, sin que puedan percibir o beneficiarse de los recursos económicos y materiales puestos a disposición de los grupos políticos de la corporación». Estos concejales han sido ya contemplados por varias leyes autonómicas, tales como la Ley 7/99, de 9 de abril, de administración local de Aragón (artículo 111.5); la Ley 3/02, de 22 de marzo, de modificación de la Ley

8/87, municipal y de régimen local de Cataluña (artículo 48, apartado 5 bis) o la Ley 1/03, de la administración local de La Rioja (artículo 122.5). Finalmente, la Ley de Medidas para la Modernización del Gobierno Local de 2003 ha previsto dicha figura con carácter obligatorio para todas las corporaciones locales. En concreto, la nueva redacción dada al art. 73.3 LRBRL dispone que los concejales «que no se integren en el grupo político que constituya la formación electoral por la que fueron elegidos o que abandonen su grupo de procedencia, tendrán la consideración de miembros no adscritos». Estos concejales no podrán disfrutar de derechos económicos y políticos superiores a los que les hubiesen correspondido de permanecer en el grupo de procedencia y se ejercerán en la forma que determine el reglamento orgánico de cada corporación. Además, se ha incluido otra previsión: «Cuando la mayoría de los concejales de un grupo político municipal abandonen la formación política que presentó la candidatura por la que concurrieron a las elecciones o sean expulsados de la misma, serán los concejales que permanezcan en la citada formación política los legítimos integrantes de dicho grupo político a todos los efectos. En cualquier caso, el secretario de la corporación podrá dirigirse al representante legal de la formación política que presentó la correspondiente candidatura a efectos de que notifique la acreditación de las circunstancias señaladas».

Ahora bien, no creo que estas tímidas previsiones acaben con un problema que inevitablemente está conectado a la corrupción que de manera creciente parece haberse instalado en un número significativo de corporaciones locales. Una situación que se ha visto favorecida por la deficiente financiación de los municipios, la cual obliga a que éstos recurran al urbanismo como principal fuente de recursos y origina connivencias en muchos casos de dudosa legalidad. Las posibles respuestas a este panorama deberían plantearse a través de una reforma sustancial del régimen local, que defina con mayor claridad sus ámbitos competenciales y garantice la correspondiente financiación. Además, todos los partidos, y la misma ciudadanía, deberían hacer un importante esfuerzo por el rearme ético de una clase política local tan lamentablemente instalada en la mediocridad y en la profesionalización. Dos factores que sin duda favorecen las conexiones y dependencias que constantemente ponen en peligro la salud de nuestra democracia local.

Esperemos que el nuevo Pacto Antitransfugismo firmado el 23 de mayo de 2006 bajo la tutela del Ministro de Administraciones Públicas, y por el cual todos los partidos firmantes se comprometen a no incluir en sus listas electorales a los tránsfugas y a endurecer las sanciones disciplinarias contra los mismos, sea cumplido por todas las fuerzas políticas que lo avalaron y, de esa manera, se reduzcan al mínimo las situaciones de inestabilidad que con relativa frecuencia se han repetido en las corporaciones locales.

CAPÍTULO 12

CONCLUSIONES: ENTRE LA PRUDENCIA Y LA UTOPÍA

No creo que a estas alturas nadie dude de que el sistema electoral español ha cumplido sobradamente los objetivos para los que fue diseñado. Ha cubierto un papel fundamental en la consolidación de nuestros partidos y en definitiva de la democracia representativa que con tantas incógnitas empezó a forjarse en el año 1976. El sistema electoral ha sido uno de los engranajes fundamentales en las respuestas que el constituyente español tuvo que dar a los dos grandes retos que se plantearon en el 78: el paso de un régimen autoritario a otro democrático y el de un Estado unitario a un modelo descentralizado. En estos treinta años el sistema electoral ha permitido consolidar un sistema de partidos en el que se han integrado las fuerzas nacionalistas, al tiempo que se formaban las mayorías necesarias para apoyar gobiernos estables, lo cual a su vez ha sido decisivo en el desarrollo del proceso autonómico. En definitiva, se ha garantizado un equilibrio más que aceptable entre la «representatividad» y la «gobernabilidad».

La dinámica transaccional generada, a pesar de las disfunciones que haya podido crear y de las críticas reiteradas por parte de algunos sectores, ha contribuido a consolidar un sistema constitucional apoyado en el equilibrio siempre tortuoso entre la unidad de la nación española y el derecho a la autonomía de las nacionalidades y regiones. También debemos reconocer que esta situación ha beneficiado a determinadas Comunidades, en concreto las que han mantenido de manera ininterrumpida partidos nacionalistas en el Congreso, los cuales han llegado a ser decisivos en varias legislaturas para garantizar la gobernabilidad. Pero ello, obviamente, no es sólo consecuencia del sistema electoral.

Habría que analizar, lo cual excedería de los límites de estas páginas, por qué en esas Comunidades y no en otras se han consolidado fuerzas políticas nacionalistas con el respaldo electoral necesario para alcanzar representación en el Congreso de los Diputados. Un buen ejemplo para el análisis, del que cabría extraer muchas consecuencias políticas, es el de la experiencia del Partido Andalucista, el cual ha ido perdiendo peso político a nivel nacional a pesar de proceder de una de las mayores Comunidades autónomas y en la que la reivindicación del derecho a la autonomía generó una fuerte conciencia autonómica. Evidentemente, la presencia intermitente del PA en el Congreso (obtuvo cinco escaños en 1979, dos en 1989 y uno en 2000), no se ha debido a unas reglas electorales que se lo hayan puesto difícil.

Por otra parte las reglas electorales han sido asimiladas, con mayor o menor carga crítica, por una ciudadanía que partía de los grandes déficits democráticos provocados por la larga dictadura franquista. Los mismos niveles de participación han sido más que aceptables, en función de la distinción que hemos explicado entre elecciones «de primer orden» y «de segundo orden». En las elecciones generales la participación nunca ha sido inferior al 68 por ciento. Además, la participación ha variado en función de la movilización que ha provocado en determinados periodos la incertidumbre o las posibilidades de alternancia en el poder. De ahí que los mayores niveles de participación se hayan dado en las elecciones de 1982 (79,97 por ciento), 1993 (76,44 por ciento), 1996 (77,38 por ciento) y 2004 (75,66 por ciento). Por el contrario, los menores niveles de participación siempre se han dado en las elecciones al Parlamento europeo.

En líneas generales podemos afirmar que la abstención ha resultado siempre más perjudicial para la izquierda, en la medida en que el elector situado en este enclave ideológico suele ser más difícil de movilizar y ha reaccionado en muchas ocasiones de manera crítica a través de ella. Por ejemplo, los resultados de las generales del 11 de marzo de 2004, tan debatidos y discutidos por algunos, se debieron en gran medida a la movilización del electorado de izquierdas que tal vez en otras circunstancias no habría acudido tan masivamente a las urnas.

Las críticas a nuestro sistema electoral han sido frecuentes pero, en la mayor parte de los casos, han carecido de una sólida argumentación y, sobre todo, han partido de la idea equivocada de que el cambio de determinadas reglas electorales provocaría un cambio sustancial en determinados elementos de nuestra democracia. No podemos perder de vista que las reglas y procedimientos electorales son también «dependientes» del sistema de partidos, de la estructura territorial o de la propia cultura política de la ciudadanía. Por lo tanto no podemos pedir milagros a las leyes electorales ya que, como bien ha afirmado Douglas Rae, «está fuera del alcance del diseño electoral el asegurar que un país sea gobernado sabiamente».

Tampoco podemos olvidar que los sistemas electorales tienden a ser estables. Tanto los electores como los partidos se habitúan a unas determinadas reglas, por lo que siempre es difícil proceder a su modificación. Además, es necesario valorar en su justa medida los efectos, positivos y negativos, que pueden provocar los cambios. Baste con recordar las reformas realizadas en Italia en los años noventa, los cuales provocaron efectos muy alejados de los inicialmente previstos. Ni siquiera la propuesta más reiterada, la relativa a la apertura de las listas, se ha hecho teniendo en cuenta los efectos negativos que la misma puede provocar. Por lo tanto, en materia electoral hay que tener muy claras las consecuencias que puede generar el cambio de cualquier elemento del sistema, ya que en muchos casos puede que no compensen los supuestos efectos positivos los nuevos «males» que puede provocar la reforma. Hay que tener en cuenta que un sistema electoral es como un complejo puzle en el que todas las piezas encajan y por ello el cambio de cualquiera de ellas repercute en las demás. Tampoco podemos olvidar que un sistema electoral tiene que responder a objetivos que en muchos casos son contradictorios y entre los que tiene que alcanzar un equilibrio. Si, por ejemplo, introducimos alguna reforma que incremente la proporcionalidad del sistema, inevitablemente se verán afectadas las piezas que persiguen efectos mayoritarios. Por lo tanto, antes de acometer una reforma del régimen electoral es necesario valorar de manera muy precisa las consecuencias que va a tener en todos y cada uno de los elementos que lo componen.

La reforma de algunos elementos del sistema electoral del Congreso en aras de conseguir una mayor proporcionalidad —tales como aumentar el número de diputados, crear otro nivel de distrito que podría ser la comunidad autónoma o incluso cambiar la fórmula D'Hondt por otra con efectos más proporcionales— podría dar lugar como contrapartida a una cámara mucho más fragmentada. Ese objetivo sería además difícil de conciliar con el de lograr una mayor igualdad de los votos, para lo que por ejemplo se ha propuesto reducir a uno el número inicial de diputados por provincia, ya que ello conllevaría una reducción de la proporcionalidad en las provincias que perderían escaños.

El aumento de la proporcionalidad obligaría al desarrollo de una más frecuente y responsable dinámica de pactos entre las fuerzas políticas para garantizar la gobernabilidad. Una dinámica que en nuestro país presenta especiales dificultades ya que, a diferencia de lo que sucede en otros países habituados a las coaliciones parlamentarias, las fuerzas políticas clave para formar gobiernos estables son los partidos regionalistas o nacionalistas. Si tenemos en cuenta el carácter «abierto» que aún presenta la estructura territorial del Estado español, así como el peso creciente de posiciones nacionalistas en el sistema de partidos, una reforma de este tipo conllevaría el riesgo de una inestabilidad poco deseable.

Pero es que, además, no podemos ser ingenuos: los partidos que se benefician del sistema es lógico que se resistan a cambiarlo. De alguna manera estamos ante un «círculo vicioso»: difícilmente una mayoría parlamentaria va a cambiar las reglas que le han permitido precisamente convertirse en mayoría. A su vez, los partidos minoritarios perjudicados por el sistema carecerán siempre de los apoyos necesarios para que sus posibles propuestas sean respaldadas en el Parlamento, máxime en sistemas electorales como el nuestro tan altamente constitucionalizado y sometido a la reserva de ley orgánica.

Ahora bien, esta resistencia al cambio, nos puede llevar a una cierta paradoja. Tal y como señala Antonio Porras Nadales, «resulta sorprendente que, en plena época de revolución tecnológica de las comunicaciones, el circuito básico de la comunicación entre la sociedad y el Estado se siga concibiendo como un sistema rígido y estable, resistente al cambio. Es significativa en este punto la comparación entre el sistema electoral y la cámara fotográfica: en ambos casos se trata de trasladar o reflejar la realidad en una imagen, pero mientras asistimos a la aparición de cámaras multifocales, automáticas, interactivas o digitalizadas, el sistema electoral se seguiría concibiendo como una vieja cámara fotográfica cuyas variables de luz, distancia y foco son fijas, de tal forma que aquellos fragmentos de la realidad que no se ajustan a las mismas no son traducidas a imagen, o quedan en zona de penumbra».

Realmente no creo que existan en nuestro sistema de gobierno graves problemas estructurales o de funcionamiento que reclamen una urgente reforma de las normas electorales. Hay que tener en cuenta que el momento en que se incrementaron las críticas al sistema fue en los años noventa cuando confluyeron una serie de factores que sin duda contribuyeron a crear una cierta conciencia crítica en la ciudadanía. Fueron los años en que salieron a la luz varios casos de corrupción, el PSOE llevaba más de diez años gobernando con el consiguiente desgaste y la situación socio-económica empezaba a dar muestras de crisis. Es normal que la suma de estos elementos propiciara las críticas del sistema electoral que, realmente, suponían críticas de los partidos y del funcionamiento de las instituciones.

Tampoco creo que haya un excesivo interés entre las fuerzas políticas españolas en modificar los elementos esenciales del régimen electoral. Ni siquiera la modificación del sistema electoral local, de la que con una cierta insistencia se ha hablado en los últimos años, responde a una necesidad urgente y unánimemente apreciada. Tal vez sólo al PP le podría interesar introducir una fórmula mayoritaria en la elección de los diputados, ya que ésta le permitiría formar con más facilidad un gobierno en solitario, sin necesidad de contar con el apoyo de partidos nacionalistas que, dadas las características de nuestro régimen electoral, son las que acaban teniendo «la llave de la gobernabilidad». Dada la progresiva radicalización de su política territorial y su progresivo enfrentamiento con los nacionalistas, es evidente que, de no conseguir la mayoría absoluta, el PP tendría muy difícil formar un gobierno estable. En todo caso, no parece que estemos viviendo una época muy proclive a las fórmulas mayoritarias. Incluso en una democracia de tan larga tradición mayoritaria como la británica se está planteando en la actualidad la necesidad de cambiar el sistema electoral. Precisamente en un informe elaborado por un conjunto de expertos y hecho público a finales de marzo de 2006 se concluía la necesidad de introducir un sistema proporcional con listas abiertas que permita el acceso de formaciones políticas más pequeñas al Parlamento británico.

La propia coyuntura política que estamos viviendo no es propicia para pensar en una reforma que alterase algunos de los elementos constitucionalizados de nuestro sistema electoral. La dinámica de permanente confrontación entre los dos grandes partidos nacionales hace imposible que concluya con éxito cualquier propuesta de reforma constitucional. De hecho, tal y como he comentado, la propuesta de reforma planteada por el Gobierno socialista, con dudosas posibilidades de que llegue a materializarse, sólo afecta a cuestiones electorales en lo relativo al Senado. Mientras que siga abierto el proceso autonómico, y sobre todo mientras que el PP siga manteniendo una posición tan férrea sobre la inmutabilidad del texto constitucional y sobre la estructura territorial del Estado, será imposible plantear ninguna modificación sustancial de nuestras normas electorales.

En la mayor parte de las ocasiones las críticas a algunos de los elementos del régimen electoral han sido el reflejo de determinados problemas políticos que deberían afrontarse a través de otros mecanismos. Por ejemplo, no cabe duda de que muchas de las críticas que se han realizado a las listas cerradas y bloqueadas han estado propiciadas por los comportamientos de la clase política y por la propia dinámica de los partidos. Por ello, la apertura de las listas no sería la solución a muchos de los problemas detectados por la ciudadanía. Más bien la vía de superación de muchos de esos factores que provocan déficit de legitimidad del sistema deberían venir por cambios en la estructura interna y en la organización de los partidos y en la adopción por parte de nuestros representantes de unos códigos éticos que contribuyan a una valoración más positiva de su actuación.

Por otra parte, la experiencia de la apertura de las listas en otros países nos obliga a ser cautos. Baste con recordar la experiencia italiana de los años noventa que ha llevado finalmente a que en 2005 se vuelva a introducir un sistema de listas bloqueadas. Tampoco el sistema alemán, que en muchas ocasiones se ha propuesto como alternativa, ha reducido el papel de los partidos. La misma experiencia española del Senado nos demuestra que el elector no aprovecha la oportunidad de apertura que le ofrecen las candidaturas. Hay que tener en cuenta que el cambio en el formato de las listas obligaría no sólo a una transformación de los partidos sino también en la propia dinámica de los electores que tendrían que abandonar la más mecanicista de las listas cerradas y acomodarse a la más personalista y plebiscitaria que conlleva el desbloqueo de aquéllas. Como he señalado con anterioridad, únicamente las elecciones locales ofrecen determinadas características que permitirían, aunque fuera a nivel experimental, proceder a un desbloqueo de las listas. Ahora bien, no deberíamos olvidar el riesgo que esta apertura podría conllevar en el sentido de favorecer no sólo una mayor conflictividad en el interior de los partidos sino también el fomento de relaciones clientelares entre los candidatos singulares y diferentes grupos de presión. Unas consecuencias que, dado el turbulento panorama de algunos municipios españoles, no serían muy deseables. Por ello, y como he apuntado con anterioridad, habría más bien que plantearse como objetivo prioritario una adecuada financiación de las corporaciones locales y en todo caso, aunque no con la misma urgencia, la posibilidad de establecer la elección directa de los alcaldes a través de un sistema mayoritario a doble vuelta.

Tampoco podemos esperar que la respuesta a los problemas territoriales venga de la mano de reformas electorales. Propuestas como las que en alguna ocasión ha hecho algún líder político de reducir la presencia de fuerzas nacionalistas en el Congreso contribuiría, más que a resolver las cuestiones pendientes, a aumentar la inestabilidad y la crispación. Cosa distinta es que la reforma constitucional esperada afecte de manera necesaria a la configuración del Senado y, por lo tanto, incida en el método de elección de los miembros de nuestra segunda cámara.

En definitiva, las reformas que cabría plantear de manera realista tendrían que ver no tanto con los elementos definidores de la fórmula electoral sino más bien con otros factores que inciden en el ejercicio del derecho de sufragio y, por ende, en la propia calidad de los procesos democráticos. De entrada, habría que plantear dos reformas que inciden de manera directa en el ejercicio del derecho de sufragio y por lo tanto en la misma definición de ciudadanía. Una de ellas es la que tiene que ver con la extensión de los derechos de participación política a los extranjeros con residencia estable en nuestro país. Una extensión que podría iniciarse en el ámbito local que es donde de manera más inmediata se produce la integración de los que no comparten el «vínculo nacional». Esta reforma supondría romper la conexión ciudadanía-nacionalidad, la cual provoca exclusiones difícilmente compatibles con la dignidad humana. El estatuto de «vecino» debería convertirse en la puerta de acceso a los derechos políticos.

La otra reforma tiene que ver con la vertiente pasiva del sufragio. Me refiero a la necesidad de prever medidas de acción positiva que faciliten la incorporación de las mujeres a los cargos públicos representativos. Tal y como han previsto diversas leyes electorales autonómicas, así como el Anteproyecto de Ley Orgánica de Igualdad entre Mujeres y Hombres, la Ley Orgánica de Régimen Electoral debería obligar a todas las listas que se presenten en cualquier proceso electoral no tengan más del 60 por ciento ni menos del 40 por ciento de candidatos del mismo sexo. Por las razones que he apuntado, y mientras que otro tipo de medidas no remuevan totalmente los obstáculos que impiden que las mujeres accedan en condiciones de igualdad a los cargos públicos, es necesario establecer estas reservas para conseguir unos órganos representativos con una presencia más equilibrada de ambos sexos. Las cuotas, que deben tener un carácter temporal y mantenerse por tanto mientras que se mantenga la situación de desigualdad, deberían establecerse con carácter obligatorio en todos los procesos electorales y deberían también aplicarse en las instancias ejecutivas y en los altos cargos de la administración. Además de responder a una exigencia del principio de igualdad, las cuotas posibilitan también que esa mayor presencia de mujeres en instancias públicas juegue un papel educador y simbólico en una sociedad que tanto necesita aún remover sus estructuras patriarcales.

Junto a estas dos exigencias fundamentales, habría que plantearse la modificación de otros elementos del proceso electoral tales como las campañas. Es urgente modificar algunos aspectos de una regulación que responde a un modelo que poco tiene que ver con las campañas que se desarrollan en pleno siglo XXI. En esta época de «teledemocracia» muchas disposiciones han dejado de tener sentido y muchas otras realidades apenas si son contempladas en la normativa electoral. Por ejemplo, el uso de Internet abre un vastísimo campo que cambiará, de hecho ya lo está haciendo, la manera de llevar a cabo las campañas electorales y, en general, las formas de comunicación de las fuerzas políticas con el electorado. En todo caso, este tipo de regulación siempre ha de ajustarse a un delicado equilibrio entre la libertad de expresión y de comunicación, consustancial a todo sistema pluralista, y el respeto de unas mínimas condiciones de igualdad de acceso a los medios de todas las opciones políticas. Es evidente que si dejamos en manos del mercado la regulación del acceso y del uso de los medios de comunicación, las grandes fuerzas, con frecuencia íntimamente conectadas a determinados medios, serán las beneficiadas en detrimento de otras muchas opciones que carecerán de canales de expresión. Por ello es necesaria una regulación más estricta del acceso a los medios de comunicación de manera que se garantice que todas las opciones políticas pueden hacer llegar sus propuestas a la ciudadanía. En este sentido es urgente regular de manera precisa las condiciones de celebración de los debates electorales en televisión, los cuales han sido una fuente constante de polémica. Además habría que replantear la regulación de determinados aspectos de los sondeos y encuestas electorales, así como de los criterios de financiación que acaban beneficiando a los partidos mayoritarios. Por otra parte, y con el objetivo fundamental de reducir los elevados gastos que generan las campañas, habría que reducir la duración de éstas así como establecer determinadas exigencias, como un aval, para reducir el número de candidaturas.

Estas medidas no deberían desvincularse de las que urge adoptar en relación con la financiación de los partidos políticos. Dado que por las actuales condiciones de los partidos, es imposible prescindir de la financiación pública, es necesario articular un mecanismo que efectivamente garantice la igualdad de oportunidades y que controle de manera efectiva los fondos que recibe cada partido y a qué los aplica. En este sentido, la Ley Orgánica de 2 de julio de 1987 sobre financiación de partidos políticos es claramente insuficiente. El 22 de septiembre de 2005 el Pleno del Congreso tomó en consideración una propuesta de ERC sobre la reforma de esta ley. Con la excusa de la saturación de la Comisión Constitucional, la reforma de la Ley de Financiación se ha ido retrasando, sufriendo hasta 19 ampliaciones del plazo de presentación de enmiendas. Parece ser que el proyecto se retomará en los próximos meses aunque mucho me temo que será muy difícil llegar a un acuerdo sobre el texto final.

A estas reformas del sistema de financiación de los partidos deberían sumarse todas las que incidan en la consecución de unas mayores dosis de democracia interna de los mismos. Y no tanto porque los partidos sean menos democráticos que hace un tiempo, sino porque, como ha señalado Roberto Blanco Valdés, «hoy resulte de forma creciente socialmente insoportable lo que durante mucho tiempo se consideró el modo más normal de funcionamiento democrático». Ello explica la irritación de los ciudadanos que vivimos prisioneros de una paradoja: no nos gusta el funcionamiento de unos partidos de los que no podemos prescindir.

Estas reformas deberían garantizar una mayor y mejor protección de los derechos de los afiliados, una mayor transparencia y participación en la toma de decisiones, una más fluida renovación de las elites partidistas y, muy especialmente, unos procedimientos de selección de los candidatos mucho más democráticos. Estas medidas no deberían desligarse de la adopción responsable de códigos éticos que modifiquen paulatinamente la «calidad» de nuestros representantes. En este sentido, y como he desarrollado con anterioridad, es conveniente establecer algunas previsiones legales que, en la medida de lo posible, contribuyan a reducir los efectos negativos del transfuguismo. Además de las cautelas, y correspondientes sanciones, que deberían regular con precisión las normas internas de los partidos, sería conveniente por ejemplo reconocer el transfuguismo como una causa de «incompatibilidad sobrevenida».

Estas reformas no deberían desligarse de otras que deberían mejorar el funcionamiento de nuestro sistema parlamentario. Debemos tener en cuenta que el nexo gobierno-mayoría parlamentaria, y la racionalización de los mecanismos de exigencia de control de responsabilidad política, han reducido el papel de las minorías y han contribuido al descrédito de unas cámaras legislativas dominadas por los partidos. La dinámica propia del «parlamentarismo racionalizado» ha favorecido la formación de mayorías estables pero, al mismo tiempo, ha contribuido sobremanera al mantenimiento de las elites políticas. Todo ello está provocando la aparición en la práctica de un nuevo modelo de parlamentarismo. Un modelo, que como bien han analizado los profesores De Vega y Porras Nadales, es de carácter mayoritario, desideologizado, de corte plebiscitario y de impronta presidencial. Un modelo en el que con frecuencia se cae en el populismo, en la atención a demandas inmediatas y en una reducción simplista de la creciente complejidad de nuestras sociedades.

En un sistema parlamentario con dichas características sería conveniente introducir por ley algún tipo de limitación temporal de mandatos, además de impedir la acumulación en una misma persona de más de un mandato representativo. Ello favorecería la circulación de las elites, reduciría la profesionalización de la clase política y mejoraría la valoración que de ésta realiza la ciudadanía. En este sentido, el compromiso de José María Aznar de no volver a presentarse a las elecciones tras su segundo mandato como presidente del Gobierno pudo haber sido un precedente que, con el tiempo, tal vez habría llegado incluso a constituir una costumbre constitucional. Sin embargo, las circunstancias que rodearon las elecciones de marzo de 2004, provocaron en el electorado la sensación de que Aznar no dejó el Gobierno por iniciativa propia sino porque su partido había perdido las elecciones. No obstante, creo que sería ética y políticamente deseable que cualquier ciudadano no ocupase ningún cargo público durante más de dos mandatos. Este límite actuaría como un auténtico revulsivo en la estructura interna de los partidos y rompería muchas de las inercias oligárquicas del sistema. No deberíamos olvidar que la democracia se basa también en la temporalidad del poder y en la posibilidad, por tanto, de remover a quienes ocupan los cargos públicos.

Junto a las reformas apuntadas, los partidos deberían mejorar sus canales de comunicación con la ciudadanía. Algo que con las nuevas tecnologías resulta mucho menos complejo. Ello contribuiría a remover las consideraciones tan negativas que los partidos y que la clase política provoca en la ciudadanía. Algunos partidos han iniciado experiencias como las de abrir buzones en sus páginas web para recibir propuestas y sugerencias. Esta vía también podría utilizarse para tomar algunas decisiones o, al menos, para ponderar qué piensa la ciudadanía de determinados problemas o para valorar el grado de conocimiento y aceptación de los candidatos y candidatas. Los representantes en los diversos niveles institucionales también deberían utilizar estos instrumentos para posibilitar una relación más directa con los ciudadanos y ciudadanas.

No creo que sean viables las propuestas extremas que apuestan por una sustitución de los partidos por otro tipo de asociaciones u organizaciones. Ya he advertido de los riesgos fragmentadores y clientelares que conlleva la participación a través de lo que genéricamente podemos llamar «movimientos sociales». En todo caso, y como de hecho está sucediendo ya desde hace varios años, los partidos cada vez deberán atender en mayor medida las demandas de estos movimientos e incluso abrirse a ellos para incorporar contenidos y personas. Ahora bien, no creo que sea aconsejable, ni realista, prescindir de los partidos que de hecho son los articuladores básicos de nuestras democracias. Una posición que, como he reiterado, es la que legitima que sean sometidos a una disciplina legal mucho más estricta.

Tampoco tengo una confianza excesiva en las potencialidades de los mecanismos de participación ciudadana tan reclamados desde algunos sectores. Al margen del papel que pueden desempeñar en el ámbito local, y que debería potenciarse en una legislación que amparase suficientemente los canales de participación de los vecinos en los procesos de toma de decisiones, no confío demasiado en sus posibilidades en niveles superiores. La creciente complejidad de los asuntos públicos, las dimensiones —en muchos casos, supraestatales— de las decisiones y la misma tradición de unas democracias asentadas sobre el mecanismo de la representación política, no me hacen albergar muchas esperanzas en instrumentos que impliquen una participación más directa y continua de la ciudadanía. Porque además habría que recordarle a los defensores a ultranza de la democracia participativa que tal vez los ciudadanos y ciudadanas de 2006 carecemos del tiempo y del interés necesarios para implicarnos más activamente en los asuntos públicos. De ahí que habría que incidir mucho más en políticas educativas que, a largo plazo, puedan ir rompiendo determinadas inercias, al tiempo que los partidos políticos multiplican sus esfuerzos por hacerse más transparentes y participativos. Todo ello sin olvidar los cambios que deberían producirse en una actividad política entendida más como profesión que como servicio público.

Y es que en las reflexiones que hacemos sobre el funcionamiento de nuestras democracias no deberíamos olvidar el papel que nos corresponde como ciudadanos. Como sujetos comprometidos con los asuntos públicos. Las democracias contemporáneas necesitan recuperar, si es que alguna vez lo tuvieron, el valor del civismo, del compromiso con la cosa pública, de la elevación a los altares de los principios laicos de acuerdo con los cuales tratamos de organizar racionalmente la convivencia. Es necesario desarrollar un «republicanismo cívico» que nos haga verdaderos protagonistas del sistema, que nos libere de dominaciones y nos haga responsables desde el papel que nos corresponde como sujetos, y no de meros consumidores. Mientras que no asumamos esta responsabilidad, y superemos de alguna manera la cómoda «libertad de los modernos» de la que hablaba Constant, pocas cosas podrán cambiar. Difícilmente podremos exigir determinadas actuaciones a los partidos y determinados comportamientos a nuestra clase política si nosotros permanecemos en la cómoda pasividad que fomenta el mercado. Espectadores de una realidad virtual frente a la que nos sentimos desarmados, indefensos, perplejos.

En este sentido debe ser una prioridad de los poderes públicos impulsar en el sistema educativo la formación en una serie de virtudes cívicas que ayuden a madurar democráticamente a los hombres y mujeres del mañana. Un objetivo que, hasta el momento, ha sido descuidado por las administraciones educativas a pesar de que constituye una de las principales herramientas para asegurarnos la continuidad y la calidad del sistema. Una formación en valores democráticos, abierta al diálogo pluralista y a la gestión positiva del conflicto, que habrá de jugar un papel también fundamental en la integración de los hijos e hijas de inmigrantes. Esperemos que la nueva asignatura, «Educación para la ciudadanía», incluida en la Ley Orgánica de Educación que fue aprobada por el Pleno del Congreso el 6 de abril de 2006 cubra, al menos en parte, estos retos tan urgentes.

Porque es necesario que recuperemos el espacio público como lugar de deliberación y de debate y que superemos la mera confrontación y la reducción de los proyectos políticos a eslóganes que más bien parecen mensajes publicitarios. Es urgente hacerlo en unas sociedades que cada vez son más heterogéneas y plurales, y por tanto más conflictivas. Necesitamos encontrar fórmulas racionales para gestionar esos conflictos y para hacer habitables unas sociedades en las que quizás ya no sirvan los esquemas que han llegado hasta nuestros días heredados del liberalismo. En este sentido habría que valorar la propuesta de constitucionalistas como Antonio Porras Nadales, que propone un cambio en los circuitos de la representación que suponga abandonar su proyección tradicional de carácter vertical, de arriba abajo, por una mayor participación ciudadana en «microcircuitos de decisión». Una idea que en teoría resulta muy atractiva pero que sin duda plantea numerosas dudas en cuanto a su traducción política y jurídica. Las experiencias habidas hasta el momento no han sido especialmente satisfactorias y, en todo caso, ni han disminuido el papel de los partidos ni han incentivado una mayor implicación de los ciudadanos en los asuntos públicos. Más bien han contribuido a fomentar un riesgo que el mismo Porras Nadales advertía en su propuesta: el de los «egoísmos colectivos».

Si no asumimos el compromiso que como ciudadanos nos corresponde, de nada servirán las reformas institucionales más o menos acertadas, las normas que traten de garantizar mayores espacios de libertad o las críticas que hagamos en privado, en voz baja, como si temiéramos que nuestra voz se uniera a la de otros para hacerse fuerte.

Se imponen, pues, dos estrategias. De una parte, apurar al máximo los mecanismos que nos ofrece el Estado de Derecho y, de su mano, mejorar los mecanismos de nuestra democracia representativa. En este sentido, y más que emprender reformas electorales cuyos efectos no están nada claros, habría que incidir, como vengo insistiendo, en la mejora democrática de los grandes protagonistas del sistema: los partidos políticos. Todo ello unido a reglas que contribuyan a mejorar la «altura ética» de nuestros políticos y políticas, tales como la limitación de mandatos, un régimen más estricto de incompatibilidades y, en general, todos los que contribuyan a reducir la profesionalización de la clase política y a elevar sus dosis de ingenio y de iniciativa.

De otra, es urgente que recuperemos la dimensión activa de la ciudadanía, entendida como titularidad de derecho y de obligaciones, como estatuto que nos exige «participar». Es decir, mucho más que delegar en nuestros representantes la tarea de decidir por nosotros. Una ciudadanía forjada no tanto sobre criterios escurridizos y discriminatorios como la nacionalidad, sino más bien construida sobre la suma de valores en los que se proyectan la libertad y la igualdad. Teniendo en cuenta que esos valores no pueden ser fijos ni inmutables, sino que son elásticos y, por tanto, adolecen de un vicio y de una virtud. El vicio de que puedan romperse si los estiramos en demasía y la virtud de poder ir adaptándose a las transformaciones sociales, económicas y culturales. Ahora bien, esa «ética mínima» habrá de construirse desde la heterogeneidad y no desde un falso universalismo que conlleva la imposición de unos valores sobre otros. Sólo así será posible la ordenación de unas sociedades en las que, por ejemplo, la creciente inmigración está suponiendo la incorporación de diferentes códigos culturales.

Hemos de aprovechar al máximo esa virtud en el contexto de unas sociedades que reclaman el talento del diálogo intercultural y la articulación de mecanismos que permitan procesos más abiertos de discusión y deliberación. Ello conducirá a una reordenación del espacio público en el que recuperemos en el papel de la política como ámbito de la ciudadanía y no de la mera clientela.

Es el tiempo, pues, de una utopía abierta, no clausurada, como diría el filósofo Daniel Innerarity, que nos permita superar la vertiente pasiva de la perplejidad y asumir el papel apasionado de ciudadanos y ciudadanas empeñados en buscar el bien común desde la maravillosa heterogeneidad. Sólo desde la asunción responsable de este reto será posible que cobren vida las promesas que aún esperamos los hombres y mujeres que no nos resistimos a aceptar que, como profetizó Rousseau, la democracia es un gobierno sólo apto para dioses.

BIBLIOGRAFÍA BÁSICA

AA. VV.: *La reforma del régimen electoral.* Madrid, Centro de Estudios Constitucionales, 1994.

AA. VV: *Régimen jurídico de los partidos políticos y Constitución.* Madrid, CESCO-BOE, 1994.

ARNALDO ALCUBILLA, Enrique y DELGADO-IRIBARREN, Manuel: *Código electoral.* Madrid, El Consultor de los Ayuntamientos y Juzgados, 2003.

AUBET, María José: *Ciudadanía y representatividad. Los sistemas electorales en Europa.* Barcelona, Bellaterra, 2000.

BARAS, Montserrat y BOTELLA, Joan: *El sistema electoral.* Madrid, Tecnos, 1996.

BEYME, Klaus von: *La clase política en el Estado de partidos.* Madrid, Alianza, 1995.

BLANCO VALDÉS, Roberto: *Las conexiones políticas.* Madrid, Alianza, 2001.

BOBBIO, Norberto. *El futuro de la democracia.* Madrid, Plaza y Janés, 1985.

CARRERAS, F. de y VALLÉS José M.ª: *Las elecciones. Introducción a los sistemas electorales.* Barcelona, Blume, 1977.

COTTERET, J. M. y EMERI, C.: *Los sistemas electorales.* Barcelona, Oikos-Tau, 1973.

DUVERGER, Maurice: *Los partidos políticos.* México, Fondo de Cultura Económica, 1957.

FERNÁNDEZ SEGADO, Francisco: *Estudios de Derecho Electoral.* Lima, Ediciones Jurídicas, 1997

GARCÍA ROCA, Javier: *Cargos públicos representativos. Un estudio del art. 23.2 de la Constitución.* Pamplona, Aranzadi, 1999.

GARCÍA SORIANO, M.ª Vicenta: *Elementos de Derecho Electoral.* Valencia, Tirant lo Blanch, 1999.

HERMET, Guy; ROUQUIÉ, Alain; LINZ, J.J.: *¿Para qué sirven las elecciones?* México, Fondo de Cultura Económica, 1992.

INNERARITY, Daniel: *La transformación de la política.* Madrid, Península, 2002.

NANIN, Bernard. *Los principios del gobierno representativo.* Madrid. Alianza, 1998.

MONTABES, Juan (ed.): *El sistema electoral a debate. Veinte años de rendimiento del sistema electoral español (1977-1997).* Madrid, CIS/Parlamento de Andalucía, 1998.

MONTERO, J. R., GUNTHER, R., *et al.*: *La reforma del régimen electoral.* Madrid, Centro de Estudios Constitucionales, 1994

MORODO, Raúl y Lucas MURILLO DE LA CUEVA, Pablo: *El ordenamiento constitucional de los partidos políticos.* México, Universidad Nacional Autónoma de México, 2001.

NOHLEN, Dieter: *Sistemas electorales del mundo.* Madrid, Centro de Estudios Constitucionales, 1981.

—: *Sistemas electorales y sistemas de partidos.* Madrid, Fondo de Cultura Económica, 1994.

PASQUINO, Gianfranco: *La democracia exigente.* Madrid, Alianza, 2000.

PÉREZ ROYO, Javier: *Curso de Derecho Constitucional.* Madrid, Marcial Pons, 2005.

PORRAS NADALES, Antonio (ed.): *El debate sobre la crisis de la representación política.* Madrid, Tecnos, 1996.

RAE, D.W.: *Leyes electorales y sistemas de partidos.* Madrid, Cilep, 1997.

RAE, D. y RAMÍREZ, V.: *Quince años de experiencia. El sistema electoral español.* Madrid, McGraw-Hill, 1993.

SALAZAR BENÍTEZ, Octavio: *El candidato en el actual sistema de democracia representativa.* Granada, Comares, 1999.

—: *Las cuotas electorales femeninas: una exigencia del principio de igualdad sustancial.* Córdoba, Diputación Provincial/Universidad de Córdoba, 2001.

Salazar Benítez, Octavio y Torres Aguilar, Manuel (eds.): *Reivindicación de la política. El papel de las ideologías y de los actores políticos en el siglo xxi.* Córdoba, Diputación Provincial de Córdoba, 2006.

Santolaya Machetti, Pablo: *Manual de procedimiento electoral.* Madrid, Ministerio del Interior, 1993.

Sartori, Giovanni: *Partidos y sistemas de partidos.* Madrid, Alianza, 1980.

Vallés, Josep María y Bosch, Agustí: *Sistemas electorales y gobierno representativo.* Barcelona, Ariel, 1997.

COLECCIÓN LABERINTO POLÍTICO

Títulos de la colección

---

1. *¿Qué es el laicismo?*
   Luis María Cifuentes
2. ***Hacia la escuela laica***,
   Francisco Delgado
3. ***Derecho a la intimidad y videovigilancia policial***,
   Carlos Serra
4. ***España: de la intolerancia al laicismo***,
   Victorino Mayoral
5. ***La ciudadanía perpleja. Claves y dilemas del sistema electoral español***,
   Octavio Salazar